I0160622

Les fruits de l'esprit

(Recueil de poèmes)

Gervais Akotchayé DASSI

Solara Editions

Les fruits de l'esprit - Gervais Dassi - www.livres.us

Les Fruits de l'Esprit

Copyright 2019 - Gervais Akotchayé DASSI

ISBN 978-1-947838-23-9

###
Toute reproduction, distribution ou partage interdits sans accord et autorisation de l'auteur et de l'éditeur.
###

Solara Editions
New York, Paris, Cotonou

###

Couverture: Dallys-Tom Medali

###

Page web: www.livres.us
Editeur: editeur@livres.us
Auteur: gervais@livres.us
Facebook: @ArtLit7
Twitter: @AfroBooks

###

Les fruits de l'esprit - Gervais Dassi - www.livres.us

A mes géniteurs **Henriette AKANHOUN** et
Jérôme DASSI,
pour l'amour et l'attachement dont ils ont
toujours fait preuve quoiqu'un devoir.

Mon enseignant **Nicolas O**. **BOCO** professeur
certifié d'histoire-géographie à la retraite, pour
ses sages conseils et tous ses efforts,

Je dédie cette œuvre.

Les fruits de l'esprit - Gervais Dassi - www.livres.us

Préface

La poésie est la reine des arts et la mère de la littérature. C'est ce bel art voire cette belle littérature que le jeune poète béninois **Gervais Akotchayé DASSI** nous tend à travers ce recueil de poèmes rubans bien du slam. Il nous parle dans son ouvrage de la jeunesse, du travail, du Bénin, de l'Afrique sans oublier de décliner poétiquement des hommages à la mère. La mort qui est le passage obligatoire n'est pas restée en marge de son inspiration.

Le livre a pour titre « *les fruits de l'esprit* » divisé en deux grandes parties *l'esprit patriotique d'un jeune béninois et les délires d'un jeune poète*. Si l'auteur, **Gervais Akotchayé DASSI** m'échoit le redoutable honneur d'être le préfacier de sa toute première élaboration littéraire, alors que je l'ai suggéré au grand maître **Jérôme CARLOS**. C'est certainement parce que je suis un écrivain-pédagogue et en plus le Président de l'Association Poétique et Littéraire du Bénin (APoL).

Cet écrivain-poète a donc respecté dans son livre l'art poétique et Le registre langagier est à la portée de tous. Je souhaite que chaque Béninoise et chaque Béninois aient ce chef-d'œuvre dans sa bibliothèque ainsi que les Africains aussi bien les

Occidentaux. Avec la parution de ce livre **Gervais Akotchayé DASSI** peut désormais manger sans marchandage avec les sommités littéraires d'ici et d'ailleurs.

Roland ADEKAMBI
Ecrivain-Pédagogue-Communicateur
Président de l'Association Poétique et Littéraire du Bénin
Promoteur du Concours National de Poésie Scolaire
Directeur du Festival International de Poésie du Bénin
Ambassadeur Itinérant de la Poésie Chinoise et Africaine

Liste des poèmes

Je crois que tu dois te mettre au travail

Jeunesse consciente

Oh ! Jeunesse

Tu dois être optimiste

Pendant que tu es encore jeune

Quel sera ton rôle ?

Flambeau de la jeunesse

Ma jeunesse : la vie est dure

Ma jeunesse, tout est dur pour toi

Barre-toi des futilités

Etudiant dans une ville du bénin

La jeunesse et les dirigeants

Etudiant (le monde universitaire)

Partie II : les délires d'un jeune poète

Qui suis-je ?

J'ai du mal

Horreur ai-je

Ma vie d'orphelin

Demain est à moi

Un peu de ma vie

Je compte bien aller au bout

La fin de mes jours

A tous mes ennemis

Les délires poétiques

Ma mère

Maman chérie

J'aime voyager

Souvent je te déçois

Donne-moi une nouvelle chance

Je déteste

Interruptions volontaire de grossesse IVG

Etudiant

Mes frères

J'apprends dans l'humilité

Echec

J'ai bien envie

J'ai peur

Sur mon chemin

Ma culture

PAIX

Mes aveux

Le courage

Le travail a du coût

Le travail à la main

Petit orphelin africain

Mon bouquin

La vie humaine

Homme libre

L'art de se faire des amis

La vie n'est rien

Argent

La lecture

L'écriture

Que font-ils naître

QUI, QUI DONC ?

La sagesse

La mort

J'ai grandi

Mes mots

Le village

Mes aspirations

La poésie et le poète 1

Les fruits de l'esprit - Gervais Dassi - www.livres.us

Avant-propos

Au risque de répéter mon préfacier, homme intègre, Président de l'Association Poétique et Littéraire du Bénin (APoL), **Roland ADEKAMBI**, qui, dans sa préface soulignait : « la poésie est la reine des arts... », Je me contenterai de le compléter en avançant qu'au vu de cet art, le poète est doté d'une grande expérience, voyant et intuitif. Ce petit recueil de poèmes que vous aviez entre vos mains est le fruit de longues années de travail, j'étais encore, pour la petite histoire, au collège en seconde D, si je ne me trompe pas dans les années 2011, quand la poésie m'ouvrit ses portes et dès lors je profitai pour m'insérer dans le rang peu élargi des poètes béninois comme mon préfacier, **Roland ADEKAMBI**, mon idole et cher père **Jérôme CARLOS**, qui porte d'ailleurs le prénom de mon père géniteur **Jérôme DASSI**, et bien d'autres dont je ne peux citer le nom ici, de peur d'en oublier.

Au départ, je n'écrivais que pour mes camarades de classe, j'aime certes avoir un livre à mon actif, mais je ne pourrais croire que ce serait un recueil de poèmes, je me voyais nouvelliste, romancier ou même dramaturge. Mais peut-être pas poète, car pour moi, être poète, est comme être un dieu sur terre. La poésie étant Dieu aperçu dans la création, on ne pourrait écrire de la poésie sans l'apercevoir dans la création. Ce recueil de poésie n'est que le fruit de l'effort d'un débutant qui promet mieux faire, et comme aucune œuvre humaine n'est ni exempte de fautes ni parfaite je vous invite alors chers lecteurs à apporter votre grain à l'amélioration de cette œuvre afin que la poésie béninoise puisse être comptée parmi les meilleures au monde. J'invite mes jeunes frères et sœurs pétris de talents à m'emboîter le pas et surtout à faire mieux que moi.

Longue vie à vous mes lecteurs, vous qui aviez placé en moi votre confiance en vous procurant ce livre, puisse Dieu vous assiste tout au long de votre vie. Si vous me le permettez je me retire tout en vous souhaitant bonne lecture

L'auteur

Partie 1

L'esprit patriotique d'un jeune béninois

Les fruits de l'esprit - Gervais Dassi - www.livres.us

Aux progrès, j'y crois

1. Le nouveau monde est pour le Noir

Le nouveau monde est pour le Noir,
En cela moi je crois et j'ai foi.
Cette terre de souffrance et d'espoir,
A soif d'amorcer un réel développement.
Ses enfants conscients se réveillent calmement.
La conquête d'un nouveau monde est un défi pour
l'Afrique,
Terre des exploits et dont le développement serait
bénéfique.
Sa politique actuelle est certes d'une certaine
immoralité
Ses enfants ont tendance à développer l'inégalité
Pourtant, je crois et je rêve d'une unité
Même si je me demande si c'est un mythe ou une
réalité.
Je sais que ce nouveau monde est pour le Noir
Un monde où le Noir pourra se dire roi.
Bien qu'on sente que règnent des divisions et
ségrégations ethniques,
Je crois que l'Afrique pourra usurper de son éthique.
Nous disposons de certaines ressources inexploitées
Que nous pourrions mettre à notre portée.
Nous regorgeons la plus grande jeunesse du monde
Dont la force de frappe est toujours féconde.
Usons de cette masse juvénile dont nous regorgeons
Pour permettre à cette terre de travailler dans la
détermination.
Inutile donc de croire que nous n'avions pas des
atouts.
Mettons-nous au travail surtout,
Ce nouveau monde est pour le Noir
Moi, fortement j'y crois.

2. L'Afrique a besoin de toi

L'Afrique a besoin de toi.
Africain de la diaspora
Dont le nom ne pourra plus être effacé de l'histoire
Ta terre a besoin de ton savoir.
Fils de la *RCI* en* France,
Quitte cette souffrance
Et viens travailler pour toi-même
Rentre et viens travailler dans ta ferme
Fils de la Gambie en Grande-Bretagne
Rentre et exploite toi-même tes montagnes
Quitte cette galère que tu appelles paradis
Et viens connaître tes origines par ici.
Rentre chez toi et accepte ta misère
Viens travailler avec tes frères,
Afin que l'Afrique sorte de l'ornière.
Viens entretenir tes pépinières
Celles de tes arrière-grands-pères.
Rentre chez toi et accepte ta galère.
Fils du Cameroun en Corée
Viens travailler pour ta contrée
L'Afrique a besoin de toi.
En toi elle a mis ses espoirs
Rentre chez toi, Africain de la diaspora
Fils du Ghana et de Madagascar au Canada
Tes frères comptent sur toi, ne les déçois pas
Rentre et donne à ton pays ta part
Pour eux tu es une boussole et un rempart.
Ta contribution pour l'édification d'une Afrique
nouvelle
Est attendue par une Afrique qui se réveille
Fils du Togo et du Niger en Espagne
Rentre chez toi et sois fier de tes campagnes.
Fils du *Vodun**, du Benin, aux Etats-Unis,
Il urge qu'avec tes propres frères, tu sois plus uni.
Rentre chez toi, rentre au bercail,

Et pour le progrès de ta patrie mets-toi au travail.
Cette terre, mère des terres, a horreur de la misère
Il est donc temps que tu la sorte de l'ornière.
Le cri strident et accablant de tes aïeux t'appel.
Rentre donc, réponds à leurs appels.
Nègre déporté par l'esclavage
Il est temps que tu renonces à ces sauvages
Rentre, réponds à nos appels et rentre chez toi
Ici, sont tes origines il urge que tu gardes foi,
Foi en un décollage grâce au fruit de tes efforts.
Il est temps qu'on enterre le mauvais sort.
Africains d'ici et d'ailleurs mettez-vous à l'œuvre.
Gardez foi et faites vos preuves.

RCI : République de la Côte d'Ivoire
Vodun : culte propre à la communauté béninoise

3. Mes concitoyens

Pourquoi sommes-nous sans âmes ?
Pourquoi ne pas déposer les armes ?
Soyons un peuple unis pour toujours
Pourquoi tant de divisions entre nous ?
Notre nation est grande et bénie
Mais nous refusons de grandir
Surtout de cœur et de passion.
Nous refusons d'accomplir notre mission
De bons concitoyens et de bonnes intentions
Déposons mes concitoyens nos armes
Et reprenons enfin notre âme.
Grandissons de cœur et d'esprit,
Communiquons, pour mieux se comprendre
Disposons également de bons moyens
Pour développer notre nation.
Déposons nos armes et réconcilions-nous
Entendons-nous sur de bons points
Afin d'augmenter la productivité de nos biens.

4. Afrique ! mon Afrique

Afrique mon Afrique,
Mon beau continent pacifique.
Depuis longtemps,
 Marginalisé par l'Occident.
Le continent des bons pains
Exploité par les américains.
Le continent le plus beau,
Terre entourée d'eau
Le continent le plus hospitalier
Continent entouré de collier
Tu es mon grand bouclier.
Afrique ! Mon Afrique
Continent de panique mais dynamique,
Terre des nègres
Continent maigre
Mais beaucoup plus intègre
Jour et nuit travaille pour son essor
Sois encore plus fort
Ne baisse pas tes bras
Africain ! Va,
 À la recherche de la paix
Comme tes pères
Sois encore pacifique
Afrique ! Mon Afrique
Comme tu l'as toujours été.
Tu fais ma fierté,
Afrique ! Mon Afrique
Terre des philanthropes.

5. Je me retire de mon silence

Malgré les ennemis qui m'entourent
Mon palpitant se sentirait incapable dans le silence.
Il refuse d'admettre ces nombrables manigances.
Enfin je déclare les problèmes qui m'entourent.
Je suis conscient de ce que coûterait mon silence
Des métaux précieux, des ressources épuisables
Je mériterais la plus grande des richesses de mon
essence
J'ai décidé sortir de mon silence, de mon coma
Je refuse d'ignorer le mal fait à mes frères.
Pour ceux qui prétendent préserver la paix en
préparant la guerre
Ils seront pris par leurs propres pièges de diktat.
La rage foudroie le fond de mon cœur
Bientôt tout sera donc élucidé.
J'ai entendu mes frères de sang crier,
Manifester leur mécontentement et leur humeur.
Horreur ai-je d'accepter le silence,
Contre quoi que ce soit, or, diamant ou argent
Tout ce qui compte pour moi c'est de sauver nos
sangs
De lutter et d'obtenir la paix en abondance.
Je sors de mon silence, je relève à l'humanité ma
vraie face
Celle cachée entre-temps par les humiliations et la
peur
Celle effrayée par les intimidations, excusez mes
erreurs.
Me voici désormais avec des actions rassurantes
dans mon sac
Levons-nous et ensemble disons non,
Non ! Aux manigances, à l'escroquerie
Refusons l'anarchisme et les conneries
Que font nos prétendus patrons
Je sors de mon silence et je déclare

A tous mes frères à quoi ils sont soumis
Je leur dirai et ils se corrigeront des actes commis
Et ensemble nous lutterons pour nos ressources
rares.
La paix, la solidarité et le partage
Refusons les richesses matérielles
Au détriment de celles spirituelles
Et nous aurons une victoire plus belle, et en
décollage
Je refuse d'être le complice de la violence
Mon cœur a horreur de supporter des
insubordinations
Et pour cela, je me retire de mon silence, je ferai ma
déclaration
Car je note vraiment son importance.

6. Un nouveau monde

J'aimerais créer un nouveau monde
Dans lequel n'existeraient pas les immondes,
Dans lequel n'existeraient pas les conflits
Dans un monde où à temps chaque chose sera
accomplie
Dans lequel la vie sera éternelle
Et il n'y aurait pas d'intérêt personnel,
Un monde dans lequel, il n'y aurait pas d'armes
Dans un monde sans drames.
Un monde différent de ce monde de pouvoir
Un monde rempli d'amour, de paix et de joie
Un monde loin de ce monde où la victoire
Est accordée à ceux qui savent imposer leurs lois
Où les supérieurs ont de belles maisons
Et les subalternes dans des calvaires, des prisons
Dans ce monde où la recherche du pain quotidien
Est une lutte vaine et sans fin
Dans ce monde de ségrégation raciale
Et de malheurs superposables dans les basses
classes sociales
Dans ce monde où l'argent est devenu le Saint-Esprit
Et sa recherche est vraiment un grand conflit.
J'aimerais créer un monde calme
Un monde où résonneraient les tam-tams
Tous les jours seront donc de grand festin
Et chacun satisfait de ses besoins.

Les fruits de l'esprit - Gervais Dassi - www.livres.us

7. L'Afrique : un décollage

En vivant, corps détaché de l'âme,
On ne pourra penser à aucun développement,
On ne pourra point rêver notre vie pleinement
En Afrique, nous sommes trop infâmes
Ainsi, pour nous rien n'est garanti
Cessons maintenant d'être frivole
L'avion du développement a depuis pris l'envol
Néanmoins nous avions une chance, il suffit d'être
uni
Inutile de penser au développement
Si nous ne revenons pas sur notre passé d'erreurs
Vains seront nos répétitifs cris de cœur
Si nous ne nous levons pas courageusement.
Bien sûr avec le genre sacré la poésie,
Nos pieds ne feront aucun pas
Se trouveraient inutiles nos bras.
Nous resterons toujours sans réussir
Si nous ne cessons pas d'être de véritables lâches.

8. Ça me fait mal

L'école béninoise, en majorité, forme des chômeurs,
Au lieu qu'à l'instar des autres peuples forme des entrepreneurs
L'école béninoise forme pour la plupart des êtres hors de la pudeur.
Notre école manque de crédibilité et de charmeur.
Cette école forme des autorités qui n'ont presque aucun goût.
Cette école forme des hommes aux apparences de demi fou.
L'école béninoise conduit les jeunes au Darfour
Sans vous mentir je regrette d'être parmi vous.
Que pensions-nous devenir par cette formation,
Si nos formateurs manquent de passion pour leurs missions ?
Elle forme à en croire des mauvais diplômés sans emplois et sans vision.
On nous fait croire que nous avions la meilleure formation
Mais en réalité nous vivons un gâchis au quotidien
Je regrette et en même temps j'affiche mon dédain
Nous sommes des milliers à avoir cette formation qui ne promet rien.
Peu sont ceux qui arrivent à satisfaire leurs besoins
Peu sont ces Béninois qui se nourrissent de leur formation
Car cela n'est pas pour nos dirigeants une préoccupation
Leur seul objectif est de se faire fortune et oublient leur mission
L'école béninoise a réellement besoin d'aide pour améliorer sa formation.
L'école béninoise forme en majorité des chômeurs
C'est elle qui rend les jeunes en majorité fumeurs

L'école béninoise est sans objectifs et manque de pudeur
Je préfère une autre formation, car elle s'avère désormais être sans valeur
Elle me fait vraiment honte
Tu y vas et au final tu ne sais pas ce qu'elle te raconte
C'est une école qui ne devra exister que dans les contes
Ma formation me fait vraiment honte.

9. L'école béninoise serait, si....

L'école béninoise serait une véritable pépinière
Si les autorités pouvaient sortir de l'ornière.
Pour notre école, nous rêvons tous de la perfection
Mais concrètement de notre part, n'est mené aucune
bonne action.
Depuis des années notre système éducatif ne subit
que des déperditions,
Les acteurs en amont et en aval ignorent leur mission
Et sont tous dépourvus de vision.
Ils attirent à l'école, une grande malédiction.
A qui donc la faute ? Qui sont les vrais
responsables ?
Si tout le monde se dit travailler pour sa réussite de
façon inlassable.
Ou une fois encore devrions-nous rejeter la faute sur
l'Occident ?
En continuant par dire qu'il a contre nous une dent ?
Les questions éducatives sont énormes,
 Et les défis sont sous toutes les formes.
De toutes les façons nous devrions faire des
reformes,
 Adopter de nouvelles normes.
Repartir sur de nouvelles bases et de façon plus
concrète.
J'ai pensé des choses que parfois je regrette
Penser qu'il n'y a plus d'espoir dans les études
Mais c'est juste parce que ce sujet m'a causé trop de
sollicitude.
Le système éducatif béninois doit être réorganisé
Tout en donnant la chance à chaque apprenant de se
retrouvé
Et qu'une éducation de bonne qualité soit donnée,
Les enseignants dans l'exécution de leurs tâches plus
préoccupés.

Les textes doivent être dans ce domaine réorganisés
et révisés
Et les apprenants doivent être plus dévoués,
Les autorités et tous les autres acteurs déterminés.
Le système actuel bouleverse la majorité des
apprenants
Et s'embrouillent même certains enseignants.
Malgré ces tourments nous avions toujours une lueur
d'espoir.
Il faut donc que les acteurs aux progrès éducatifs
aient foi.

10. Elus béninois

Elus béninois
Chacun a ses coins noirs
Le mal est qu'ils se prennent pour Rois
Benin mérite dirigeant courtois
Chacun opère dans son couloir
Oubliant que c'est ensemble, on a la victoire.
Elus béninois
En vous nous avions perdu foi
Et en vos progrès nous manquons espoir
Tout est géré dans le noir
Et s'est éteinte notre lueur d'espoir
Pourquoi aller à la quête du pouvoir
Si en soi on ne croit
Pourquoi vouloir se prendre pour Roi
Si nous sommes tous régis par la loi ?
Ne pas chercher essentiellement le pouvoir
Juste pour sortir sa tête du noir.
Elus béninois
Arrête de te prendre pour roi
Et sache que le Bénin a soif
Sache que le Benin a réellement besoin de toi
Et c'est justement pour cela qu'il a placé son suffrage
en toi
Donne le meilleur de toi-même dans le respect des
lois
Ne commets pas de meurtre sois courtois,
Pour essayer de nous donner un nouvel espoir
Sache que tu n'es qu'un serviteur et aie foi,
La nature te convertira de serviteur en roi
Travaille et fais sortir ce peuple du noir
Et plus tu mériteras leur voix.
Suis la bonne voie
Et sache que tu es notre choix.
Nous voulons que tu respectes les lois
Elus béninois

Les fruits de l'esprit - Gervais Dassi - www.livres.us

Par la voix du peuple courtois
Par le respect des lois et sur la bonne voie
Sort ce pays de sa soif et du noir
Ainsi tu pourras mériter notre voix
Et plus encore, notre confiance en toi.

11.Je me sens si faible

Je pleure sans verser des larmes
Et pour cela personne pour me consoler.
Pour tout ce que je vois, je suis vraiment désolé
Je pleure ! Et se met en détresse mon âme.
De mes yeux, coulent des regrets
De mon âme, se sentent les remords
Je pleure ! Mon âme pleure encore
J'ai tenté maintes fois obtenir un procès.
Mais hélas je me sens seul et si faible
Je pleure ! De mes yeux, coulent des larmes
Je me sens si faible de voir mes frères sans armes.
Je me sens si faible de voir qu'ils étaient manipulés,
Qu'ils se laissaient abattre par les opportunistes.
Je me sens si dépasser de voir les jeunes tristes
De les voir torturer et mélanger.
J'ai beau essayé de nous protéger et j'ai assez lutté.
Je me sens si faible, parfois si fort
Je pense bien que seul c'est un échec
Seul je pense que je serai piqué à coup de bec.
Unissons nos forces et amorçons notre essor.
Des problèmes qui rongent depuis des millénaires
D'autres se sont servis pour devenir millionnaires
Et certains en subissent encore très fort.
Le mal persiste et nous avions toujours du remords.
Ma jeunesse s'évanouit sous le coup de ses
problèmes
Et les adultes se moquent de nos réels problèmes
Nos richesses ont été pillées par nos propres frères
Notre retard est causé par nos propres pères.
Nous ! Jeunes sommes dans une totale impasse
On se cherche on se bat mais rien ne passe
Nos problèmes existent depuis fort longtemps
Ce n'est donc plus le moment de perdre le temps.
Agissons vite et prenons conscience de notre passé
Notons que nous avions eu un passé perturbé

Et on risque de vivre un présent chaotique.
Usons nos potentialités et développons de bonne
thématique.
Développons des thématiques de développement
durable
Ils nous ont ruinés, détruits et ne se reconnaissent
pas responsables
Ils continuent par nous demander de les suivre
Non ! Traçons nos propres chemins et ne nous
laissons plus détruire.
Les jeunes au pouvoir, la jeunesse à la victoire
Nous sommes la solution à nos problèmes, notre
désarroi
Osons et reconnaissons nos erreurs
Stoppons les vaines lamentations et appuyons sur
l'accélérateur.

12.Pour mon peuple

Quand je souffre pour vous c'est avec plaisir
Une vie belle et harmonieuse est mon plus grand
désir.
Pour votre bien-être et votre bonheur
Je ne douterai de donner en sacrifice mon cœur.
Le temps passe très vite,
Que le bonheur soit notre rite.
Chantons au même rythme
Notre fameux hymne.
Baignons-nous dans le sang de nos aïeux,
Et projetons un avenir merveilleux.
Le passé est déjà une histoire,
Vivons aujourd'hui avec espoir.
Demain sera certainement meilleur.
Donc mettons-nous au travail avec plus d'ardeur.
Quand je souffre pour vous c'est sans regret
Parce que j'ai confiance au progrès
Lève-toi ma sœur ! Lève-toi mon frère !
Organisons un grand congrès
Nous sommes de véritables bâtisseurs.
Positifs nous devrions rester
Pour beaucoup réaliser.

13.Oh ! Mon peuple

Mon peuple pour notre essor,
Il nous faut des efforts.
Il nous faut être très fort
Cultiver entre nous la paix et l'unité durable
Qui vaut de façon incontestable, mieux que l'or.
Aussi l'obligation au respect des lois et le renfort
Aux citoyens en situation non confortable,
L'amour et surtout la convergence
Pour contribuer à l'émergence
Doit être pour nous des exigences,
Et entre nous la convivialité.
Donner à tout étranger, l'hospitalité
Pour éviter le racisme.
Et surtout ne pas se donner au défaitisme
Respecter aussi la classe dirigeante
Car elle est toujours gagnante et dominante
La facilité ne doit être préoccupée.
On ne doit pas se faire de mauvaises idées
Mais on doit fournir des efforts
Et envisager un avenir de confort.
Oh ! Mon peuple
Oublions nos différences
Pour résoudre nos différends
Afin d'obtenir la convergence
Pour sauver notre pays mourant
Oh ! Mon peuple,
Mettons-nous à l'œuvre dans l'entrain
Et en faire plein d'ouvrage pour demain.
Donnons-nous la main
Pour reconstruire notre Bénin,
Dans une conviction de réussite qui nous fera un
Oh ! Mon peuple.
Soyons un peuple fort,
Doté de gros efforts,
Oh ! Mon peuple

Endormi depuis longtemps
Réveille-toi il est enfin temps
Que tu fasses autant
Que les autres peuples réveillés avant toi
Oh ! Mon peuple ta destinée est en toi.

14.Bénin : mon message

Les Béninois sont trop frivoles,
Au lieu de se tenir à un rôle,
Celui de combattant, sont acharnés aux frimes.
Etant aussi Béninois, je rassemble mes rimes,
Pauvres qu'elles sont, et mes frénésies
Dans ce genre sacré la poésie,
Pour toucher la conscience de mes frères,
Implorer, l'intervention de nos pères
Dans ce monde qui évolue à notre insu,
Et d'un changement qui a déçu.
Ayant vécu et conscient du gâchis
Autour de nous, je dédie à mes frères,
Ce message abondamment concret.
Soyons forts dans notre coalition,
Contre la faim, la pauvreté et la malnutrition
Cultivons un grand champ d'amour,
Et veillons à être de véritables mous.
Se développer, c'est très simple
Soyons seulement amples,
Aptes au changement voulu
Pour qu'à nouveau nous ne soyons déçus
Ayons des opinions côtoyant nos intérêts généraux
Et cessons d'être amoraux,
L'ennemi, est passé comme un météore,
Pour nous voler nos ressources, notre or.
Respectons et aimons nos dirigeants,
Pour qu'au fil du temps
Nous consolidions la paix, la solidarité
Pour pouvoir grandement contester
La domination et l'exploitation abusive
De nos ressources et soyons une nation vive.

15. Le Bénin en déclin

Notre pays le Bénin,
Est véritablement en déclin.
Et si mes cousins ne cessent de faire le malin,
On ne pourra jamais,
Vivre de meilleurs lendemains,
Avec nos très chers voisins.
Si nos participations ne sont pas réunies,
On ne pourra jamais réussir,
Notre lutte pour l'avenir.
On ne pourra jamais bondir
Sur ce trésor inédit,
Qui est caché sous nos lits.
Notre pays est empli
D'amour et d'onction.
On doit donc unir nos actions
Dans cette lutte d'interaction
Entre le verbe et l'action.
On doit avoir des intentions
Qui nous conduiront vers l'obtention
Et non vers l'ampleur de la fiction.
Ce pays est en retard par rapport à son âge
On doit donc faire beaucoup d'apprentissages
Pour le développement définitif de nos héritages
On ne doit pas se laisser frapper par les
désavantages.
Ce pays n'est pas pour les sauvages.
On doit faire de réguliers passages
Pour corriger les déphasages.
Merci d'avoir compris ce message.

16.Benin climat favorable

Aux progrès, notre climat est favorable
Avec des efforts considérables
On finira avec cet état de misère,
Et on ne sera donc plus en arrière.
Ôtons de nos pensées, des idées négatives,
Cessons d'être éternellement des personnes naïves.
Travaillons et espérons en l'avenir
Ainsi nous pourrons faire dos au délire.
Ce n'est vraiment pas des frivoles.
C'est le moment de prendre l'envol.
Sans nous en rendre compte nous sommes en prison
Nous sommes dans une désastreuse situation.
Si rien n'est fait, on ira en péril
Soyons attentifs et très subtils.

17.Je vivais dans un pays

Je vivais dans un pays dominé par l'incertitude.
Où il n'y a plus d'espoir dans les études,
Un pays gouverné par la corruption
Et envahi par la malnutrition.
Dans ce pays le chef considère ses ennemis,
Comme ceux du peuple et ne fait que les haïr.
Les dirigeants abusent de leurs tâches
Et les citoyens se cachent.
Le silence est payé par ces dirigeants,
Qui ne mène que des actes intransigeants et
arrogants.
Nul n'a droit à l'expression même les hommes de
presse.
Les autorités pratiquent l'accumulation des richesses
Sans se soucier des besoins réels de la population.
Règne dans ce pays un grand champ de
discrimination,
Et tout est absolument théorique.
Les pauvres à longueur de journée font des
chroniques.
Je vivais dans un pays de dictature
Qui présente d'énormes fissures
Un pays qui se veut émergent mais ne fournit aucun
effort
Les citoyens de ce pays se résignent à leur sort.
De cette situation qui nous rend moins forts.

18.Je crois que tu dois te mettre au travail

Béninois je crois que tu dois te mettre au travail.
Faisons en sorte que soient fiers de nous nos
entrailles.
Soyons dans nos actions plus pragmatiques,
C'est vrai nous sommes en retard du côté technique
Mais devrions-nous, nous abandonner à notre sort ?
Je crois bien que non, on se doit de fournir de gros
efforts.
La réussite loin d'être une chance est une volonté
affichée et incontestée
Et réussir nécessite tant de détermination que de
volonté affichée.
Nous devrions nous mettre sur les rails
Tout en priorisant le travail.
Changement, refondation, rupture et nouveau départ
Et pourtant nous restons toujours au point de départ
Nous sommes toujours très en retard
Notre réussite dépendra de nous tôt ou tard.
Nous devrions prendre conscience de notre passé
Pour enfin atteindre nos objectifs et émerger.
Changement, émergence ou nouveau départ ne
dépend de personne,
Et afin que ces facteurs déterminants de notre succès
ne se coordonnent,
Il faut nécessairement que nous nous mettons sur les
rails.
Respecter nos dirigeants et se mettre fort au travail.
Notre réussite ne dépend pas forcément de nos
dirigeants,
Bien que dans leur choix nous devrions être
exigeants.
Adopter réellement une nouvelle conscience ;
Développer farouchement nos compétences ;
Faire foi en un réel décollage
Et s'inscrire dans une véritable optique de partage,

Seront probablement quelques attitudes au progrès,
Sans oublier que nous devrions mener des actes
concrets.

Jeunesse consciente

1. Oh ! Jeunesse

La confiance inestimable
Doit être une réalité sociale.
C'est la base du développement
Mettons-nous à l'œuvre rigoureusement
Et on combattra la pauvreté
Faites, mes frères et sœurs preuve de citoyenneté
Nous sommes en retard et en arrière.
Luttons contre nos maudites barrières.
Lève-toi ! Jeune rends-toi actif
Et à tes supérieurs sois très attentif.
Jeune rends-toi valide, bats-toi
Sois dynamique et rêve avec foi.
Éloigne-toi surtout de l'oisiveté, de la paresse
Et tu verras que tu te feras beaucoup de richesse.
Souffre dès aujourd'hui pour ton bonheur
Et sois sûr que demain sera meilleur.
Oh ! Jeunesse pleine de vitalité
Dépense assez pour tes activités
Ainsi à bras ouverts s'offrira le succès
Et larges seront les accès
Oh ! Jeunesse à satiété de tonus
Lutte et tu auras assez de bonus
Oh ! Jeunesse dotée de long bras
Sers-toi et tu combattras.

2. Tu dois être optimiste

Jeune tu dois être optimiste
Tu dois te battre et être réaliste.
C'est vrai l'échec fait partir du destin
Mais cela ne doit être le quotidien.
Tu dois être fort et courageux
Fier et très heureux,
Face aux épreuves de la vie
Qui tente de te réduire.
Mets-toi à l'œuvre très tôt
Et l'avenir te sera tout beau.
Sache que tu n'as qu'une seule vie.
Tu dois la vivre sans ennui
Tu dois vivre très épanoui
Et pour cela profite dès aujourd'hui.
Profite de ton énergie actuelle,
Pour travailler et rendre ta vie belle.
Tu n'as pas une vie éternelle
Alors évite d'être rebelle.
Donne-toi à fond et sérieusement au travail,
Et tu verras que ton avenir sera de taille.
Jeune demain doit t'appartenir
Investis-toi à présent pour ton avenir.
Profite de ton sang jeune pour travailler
Profite du temps actuel pour réaliser
Tu dois te fixer des objectifs de vie
Et être prêt pour les assumer à vie.
Mesure-toi par rapport à tes objectifs
N'envie pas les autres, sois juste attentifs
Profite de l'éducation reçue,
Pour ne pas être déçu.
Je sais que tu es fort
Et que tu as assez d'essor.
Travaille dur et renais tes valeurs
Tu es un homme d'honneur

 Les fruits de l'esprit - Gervais Dassi - www.livres.us

3. **Pendant que tu es encore jeune**

Pendant que tu es encore jeune,
Tu dois travailler sans relâche, fort et dur,
Pendant que tu es encore en vitalité pleine,
Tu dois travailler et en l'avenir, en être sûr.
Jeune, ce monde est pour toi,
Il t'appartient, comporte toi alors comme roi,
Et en avenir avoir foi et espoir.
Jeune demain est à toi.
Pendant que tu as encore d'énergie
Bats-toi et apprends à travailler en synergie.
Arrête tes bêtises, conneries et idioties
Fonce, fonce et fonce sans soucis.
La jeunesse est la meilleure phase de la vie
Et la phase qui plus crée des ennuis.
Cette phase nous fait traverser d'énormes soucis
Il urge donc de savoir comment s'y tenir.
Quand on est encore enfant on envie les jeunes
Quand on devient adulte on continue d'envier le jeune.
C'est pour dire que tu as à taper dur jeune
Tu as intérêt à travailler fort pendant que tu es jeune.
A cette phase de la vie on est souvent confus,
Pour la coopération avec les adultes si matures,
On a tendance à avoir du refus.
Et si vous êtes encore au campus,
Les fréquentes relations rompues, et assez d'abus.
Que tu sois en train d'apprendre un métier,
Que tu sois étudiant, élève ou même écolier
Tu dois te donner à fond pour ne pas le regretter.
Car les années perdues ne peuvent plus se rattraper.
Sache que c'est à cette étape tu es plus exposé,
Aux IST et à plusieurs maladies contagieuses
Tu risques donc de finir ta jeunesse infecté et handicapé.
Jeune ton avenir est certain, mais avec des situations dangereuses,

Tu dois être serein pour pouvoir les braver.
Arrête de te faire des compagnies non avantageuses,
Arrête d'avoir des relations nuisibles et dangereuses.
Gare à toi si tu t'entoures de comportements haineux
Sois souvent sympa, toujours souriant et heureux.
Ce n'est pas toujours facile de bien vivre sa jeunesse,
Pour certains c'est les boîtes de nuit sans cesse
Pour d'autres encore c'est d'accumuler des
maitresses
En réalité vivre bien sa jeunesse,
C'est penser à comment accumuler des richesses,
Travailler dur et chercher le bonheur sans cesse
Chercher à s'éloigner de l'oisiveté et de la paresse.

4. Quel sera ton rôle ?

A toi jeune, qui es toujours sur le chemin de l'école
Qu'est-ce que tu y gagneras et quel sera ton rôle ?
Dans cette vie tourmentée et qui moins console
Tape dur et n'est pas peur de donner ta parole
Quelles sont tes actions pour la nouvelle génération ?
Ne me dis surtout pas que tu vas faillir à ta mission
Mais j'attends de toi des efforts et un esprit de
dévotion
Sois prêt à répondre à ce que tes frères te poseront
comme question.
Oh ! Jeune, toi qui es à la recherche d'un avenir
meilleur
Pourquoi tant de mauvais pressentiments et de
peurs ?
Quel rêve en fais-tu de ta future demeure ?
Personne ne viendra te donner les clés du bonheur.
Tu l'aurais mérité par ton dévouement au travail.
Il est vraiment grand temps que tu te mettes sur les
rails.
Personne ne viendra te dire que tu as un avenir de
taille
Mais ils te feront croire que tu as la valeur d'un
épouvantail
Qui n'a pour sort, être dirigé par le vent.
Jeune rends sacré et très sacré ton temps
Bats-toi et garde toujours froid ton sang.
Ne te laisse pas à l'instar de l'épouvantail diriger par
le vent
Ce vent qui n'est rien d'autre que l'influence de
l'autorité
Qui tente coûte que coûte de détruire toutes tes
activités.

5. Flambeau de la jeunesse

Je porte le flambeau de la jeunesse
Cela ne veut pas dire que j'ai mis à côté la vieillesse.
Nous y sommes d'ailleurs tous, proies.
Seulement qu'en ma jeunesse je dois mes exploits
Ensemble nous réussirons
Et nos valeurs auront une résurrection.
Je me rends compte de nos tristesses
Je vois nos angoisses.
Y-a-t-il de l'espoir mon frère ?
Oui moi j'y crois et je le vois.
Tu auras raison de perdre foi
Mais surtout ne le fais pas frère
On verra bientôt le bout du tunnel
Ne te laisse pas, bats-toi
Et en avenir aie foi.
Bientôt la fin du duel cruel
Tu perceras, tu avanceras et tu évolueras.

 Les fruits de l'esprit - Gervais Dassi - www.livres.us

6. Ma jeunesse : la vie est dure

Quel que soit le mal que nous fera subir la saison,
Il urge qu'on garde foi et point pas de dépression.
La vie usurpera de notre liberté et nous fera subir
tant l'oppression.
Mais devrions-nous perdre courage ou au pire la
raison ?
L'orage passera bientôt et chacun fera son oraison.
Quand bénéficierons-nous des grandes bénédictions
C'est bien quand nous enterrerions,
Nos haines et empêcherions leur résurrection.
Sur certains points de la vie on aurait dû faire
attention
Pour ne pas se faire secouer par les malédictions.
Notre énergie quotidiennement subit des déperditions
Et nos rêves s'éloignent de leur réalisation.
La vie ne nous permettra jamais d'être des
combattants en action.
Devrions-nous nous laisser abattre par son
oppression ?
Non ! Non étant des combattants prêts pour la
révolution
Je pense qu'au dernier goût de sang on luttera avec
abnégation.
Elle tentera coûte que coûte de mettre nos efforts en
prison,
Nous fera croire à l'échec et nous condamnera à une
soumission.
De la vie nous devrions tirer les belles leçons
Nous devrions apprendre à maîtriser la vie et ses
variations.
Difficile je crois mais pas impossible, il le faut pour
notre ascension.
Pour émerger, prendre connaissance de la hauteur
pour y faire face
Pour ressusciter, connaître la profondeur pour
parvenir en surface

La vie n'est rose que pour les personnes tenaces
Les personnes qui luttent et au désespoir ne donnent
aucune place.
La vie est dure et très vorace
Pour y rester travailler et lutter contre ses menaces.
La vie est maline et se croit rapace,
A chaque échelon nos problèmes se remplacent,
A chaque déracinement d'un un autre se place.
Nos problèmes ne finiront jamais car chaque fois elle
nous les replace.

7. Ma jeunesse, tout est dur pour toi

Oui ! C'est vrai jeune, aujourd'hui tout est dur pour toi,
Ça ne va pas chez toi, tu es dans le désespoir.
Tu es dans un pétrin total où tu te sens acculer
Rien n'a l'air d'aller et tu as envie d'y renoncer
Tu te sens dépasser par les épreuves de la vie
Plusieurs fois tu as voulu mettre fin à ta vie.
Je ne pourrais plus réussir, tu l'as répété autant de fois
Mais laisse-moi te dire que malgré les vicissitudes tu auras la victoire
Tu t'es plusieurs fois trompé de chemin
Plusieurs fois tu as remis à demain.
Tu as tellement placé ta confiance en tes ainés
D'eux tout ton espoir et ta force sont nés
Tu as plusieurs fois fais l'erreur
Que ta réussite dépendra de la leur.
Mais laisse-moi te dire que ton bonheur et ta réussite,
Ne dépendront que de ton dévouement et de comment tu y insistes
Jeune ! Toutes les portes ne s'ouvrent pas facilement
Toutes les voies ne sont pas accessibles librement.
Sache que les portes et voies de la réussite sont aussi ainsi
Sans la persévérance et l'espoir, tu te retrouveras au seuil de la porte assis,
Les obstacles te seront difficiles à affranchir
Et c'est ainsi que même au seuil de la porte tu te retrouveras assis.
Tu n'auras aucune chance d'accéder malgré que tu en fusses presque.
Tout cela te paraîtra étrange et tu n'y comprendras rien presque.

8. Barre-toi des futilités

Jeunesse, barre-toi des futilités
Tu es d'une grande utilité.
Jeunesse unie pour le développement
Ta force s'inscrit dans l'acharnement.
Tu sais bien que tu peux être compétent
Et t'entourer de merveilleux talents.
Sois compétent et rends-toi compétitif
Et la victoire en sera ton apéritif.
Par ton énergie immense et prolongée
Séduis plus d'un et fais face aux difficultés,
N'essaie jamais d'abandonner.
Il n'y a point une école de performance
Elle s'acquiert par la permanence
Et trouve sa source dans l'esprit d'abondance.

9. Etudiant dans une ville du bénin

Etudiant dans une ville du Bénin
Où entre mes études et ma carrière aucun lien,
Mes formateurs et ma formation aucune
compatibilité
Et personne pour résister.
Je me dois de me soumettre ou je désiste
A eux je vous assure personne ne résiste.
On se dit et pense pourtant vivre la latitude
d'expression
A nos préoccupations aucune solution.
Aller à la violence ne résout plus nos problèmes.
Et rien de bon ne se fait ni se sent dans mon
université
Etre au poste de comptabilité,
Pour la majorité, se fut une grande fierté
Car ils savent comment ils pourront en profiter.

10.La jeunesse et les dirigeants

(Nos dirigeants et nos problèmes)
Pendant que des créatures divines se promènent
dans les rues toutes nues.
Pendant que les jeunes en quête du gain quotidien,
Se promènent sur les chantiers, et manquent
cruellement de soutien,
Nos dirigeants tous paisibles continuent leurs
maudits abus.
Pendant que tout un peuple s'écroule sous le poids
de la faim
Et que toute une jeunesse se sent complètement
délaissée,
Une minorité des nôtres mène une vie apaisée.
A leurs abus, nos dirigeants refusent toujours d'y
mettre fin.
Pendant qu'une masse estudiantine se lamente
Des milliers d'apprenants souffrent et déclarent leurs
ras le bol
Et quelques-uns des nôtres se couvrent de la
poussière du sol
Nos autorités refusent de reconnaître que les espoirs
sont en pente.
Nos autorités fuient leur noble responsabilité
Et laissent la jeunesse dans ses problèmes cruels.
Le mal est considérable et la jeunesse devient plus
rebelle.
Jetons un petit coup d'œil dans les orphelinats
Cette masse d'enfants abandonnés, par le destin, et
qui en souffre.
A travers les médias les dirigeants nous disent qu'ils
vont les résoudre.
Je les accuse, j'en veux à mes dirigeants pour leur
assassinat.
Nous en avions marre, j'en ai marre surtout de la
routine,

Tous les jours c'est les mêmes scenarios qu'ils nous présentent.
Le pire et le danger à travers leurs démonstrations se sentent
Et moi j'en ai marre, des discours fascinants qui guère ne me fascinent.
Jetons un clin d'œil dans nos rues
Et voyons la caricature de ces êtres, marqués par le sort
Compatissons à la souffrance de ces enfants qui ne pourront aucun effort
Allons à la rescousse de ces enfants démunis.

11.Etudiant (le monde universitaire)

Le monde universitaire est différent des autres,
Ce monde est bien différent du monde scolaire.
Ça fait trop peur le monde universitaire.
Oui ! Il me fait peur bien que je reconnaisse qu'il est
le nôtre.
Monde de galère croissante, orientant vers le
chômage,
Haut lieu de savoir dit-on et de grandes formations,
Cachant d'énormes mystères et de contradictions.
Contrairement à ce qu'on pourrait croire, il n'est
point un lieu de partage.
Vu qu'ici c'est le sauve-qui-peut et réussir, qui ont
plus de relation
Le savoir, n'est plus facteur déterminant de la
réussite.
Ont meilleures notes et bons résultats les étudiantes
en altitude,
Et chaque étudiant a ses moyens propres
d'admission.
On a du mal à identifier les étudiants déterminés
dans la foulée.
Ils existent, en minorité et multiplient leurs regrets
Réussir en année supérieure, à ses propres secrets.
Rares, ceux qui réussissent grâce aux fruits de leurs
efforts à l'université
Chaque faculté a ses réalités,
 Chaque étudiant ses difficultés et particularités,
Et chaque dirigeant de faculté a aussi ses
particularités.
S'entraider ici est un mot qui n'a aucun sens
Et dans tes difficultés personne ne te portera
assistance
Nous vivons dans une fraternité hypocrite dans ma
communauté.

Les fruits de l'esprit - Gervais Dassi - www.livres.us

Partie 2

Les délires d'un jeune poète

Qui suis-je ?

1. J'ai du mal

J'ai du mal à m'afficher
Du mal ai-je de dire la vérité.
J'ai du mal à croire en mes potentialités
J'ai du mal, vraiment du mal à accepter mon identité
J'ai du mal à pleurer dans la détresse
J'ai du mal des fois à reconnaître ma paresse.
J'ai du mal à tromper ma femme avec ma maîtresse
J'ai du mal à être insensible aux caresses
Du mal ai-je de garder les rancœurs,
Du mal ai-je de reconnaître mes erreurs,
Du mal ai-je d'arrêter mes pleurs
Du mal ai-je de reconnaître ma grandeur.
J'ai du mal à dire sans cesse à Dieu
J'ai du mal à poser sans cesse des actes odieux
J'ai du mal à prier tous les dieux.
J'ai du mal à être anxieux, ambitieux et radieux
J'ai du mal à bien me concentrer,
J'ai du mal à savoir comment me disposer
J'ai du mal à reconnaître ma contré,
J'ai du mal à avoir le regard toujours braqué.

2. Horreur ai-je

Horreur ai-je de me rappeler de mon passé.
Je suis plus enragé à force de cogiter, de m'y rappeler,
A force de me souvenir, de ce que j'ai enduré
La rage me foudroie et me réduit à des moments donnés.
J'ai bien envie de ne plus me rappeler de ma vie passée
Cela a été dur et plusieurs fois j'ai trébuché.
Ma route était si longue et très perturbée.
J'ai envie d'oublier toutes ces étapes que j'ai déjà dépassées
Loin de l'affection, je me suis demandé plusieurs fois,
Comment je pouvais grandir et en cette vie avoir foi.
J'ai vu des choses que personne ne pouvait voir.
J'ai vu la galère et la souffrance s'attrouper autour de moi.
Je vais un peu te parler de mon passé
Je vais le dire, sans me réserver.
Plusieurs ont essayé de me rassurer,
Me rassurer que je pouvais toujours compter sur eux.
Tout a commencé quand j'entrais dans ma dixième année
Au départ j'avais une vie paisible et j'étais bien entouré.
Mes parents m'offraient le mieux et j'étais bien aimé
Je ne vous dirai pas que j'étais le fils aîné.
Depuis ma naissance et celle de mes autres sœurs
J'avais l'esprit calme, entouré de bonnes mœurs.
Ma mère était fière, elle n'avait aucune peur,
Pas de panique, elle avait un grand cœur.
Tout allait si bien pour moi et ma famille
On avait une vie comblée et très paisible
J'étais éveillé, aimable, sympa et très habille.
J'étais si vif d'esprit et à l'instar d'une étoile je brille,
La famille mangeait pleinement à sa faim

Et personne n'a tendance à renoncer à son destin.
Mais subitement et rapidement tout a pris fin,
Par une simple tentative de l'esprit malin
Le bonheur immense qui régnait dans ma vie,
Depuis environ une dizaine d'année a disparu.
Horreur ai-je de me rappeler cette vie.
Brusquement pour moi tout fut interrompu.
A l'école j'étais brillant, ce qui a chuté
Pour mes études il faut l'avouer, j'ai assez lutté,
Pour être ce que je suis, j'ai boxé d'arrache-pied
Je suis revenu à zéro, tout a complètement chuté
Je rentrais à peine dans ma dixième année,
Quand les problèmes de cette vie m'ont assailli et
désorienté
J'avais un grand objectif, d'abord terminer mes
études en beauté
Ensuite un emploi, pour sortir de cette pauvreté
Mon rêve était si grand, plus grand que celui
d'Obama
Mais soudainement cela a été comme dans un coma.
A mon avenir j'ai tendance à dire trop tard
Parce que je me voyais déjà très en retard.
J'ai été abandonné par ma famille.
Malgré que je sois si subtil et habile.
Mon avenir s'est désorienté et réorienté vers un péril
Tout ce beau rêve a disparu en un clin de sourcils.
Horreur ai-je de me rappeler du passé
J'avais un chemin bien tracé
Mais je ne pouvais plus l'emprunter
Car il s'était transformé.
Ma vie est devenue autre chose
Cette vie qui au départ était belle et rose.
Qu'est qui serait la véritable cause ?
C'est la question que je me pose sans pause.
Je ne sais effectivement pas ce qui est arrivé
Mais je sais que je continuerai quand même à rêver
Je sais, je connais bien mes capacités
Ma vie sera réorientée, je vais triompher.

Peu importe ce que pense et veut l'esprit malin
Je percerai, je brillerai, j'irai jusqu'à la fin.
A la fin de tout ce que me réserve mon destin.
Je ne mourrai point de faim,
Je prie mon Dieu de jour comme de nuit.
En lui j'ai foi et je sais que par cette vie je serai séduit
Il ne laissera personne me détruire
Je sais et j'ai foi qu'il va me reconstruire
Les blessures du passé m'ont rendu enragé et
soucieux
M'ont rendu fort et très dangereux.
Ces blessures m'ont aussi rendu très sérieux
Ce qui m'a rendu d'ailleurs très heureux.

3. Ma vie d'orphelin

Je sais bien qui je suis,
Je sais bien d'où je viens
Et je sais ce que j'ai enduré si bien,
Pour être ce que je suis.
Délaissé depuis l'enfance,
J'ai pris au sérieux ma vie d'orphelin.
Je n'avais plus du tout de soutien,
Je me suis retrouvé dans la rue dès l'adolescence.
J'ai mené une vie d'enfant perdu.
Grandir loin de l'affection
La rage et la haine sont devenues mes passions
Mais je sais bien d'où je viens et qui je suis.
La pitié pour moi n'est rien
Car j'ai tapé dur pour avoir mes biens
Parfois je me demande, si je vis
Et surtout qui je suis,
Abandonner par mes parents
J'ai dû créer seul mes liens
Afin de ne crever sous la faim.
Je n'ai nulle part de représentant.
J'étais un enfant humble et heureux
Mais je suis devenu sauvage et haineux.
Autant de question sur ma vie me font pleurer
Car je ne sais quoi faire pour me sauver.
Les amis me sont venus à l'aide
Et mes ennemis m'emmerdent.
Au début ma vie n'avait pas de sens.
Aujourd'hui je ne sais quoi faire
Etant entouré des pots qui battent le fer
Je me dis qu'à ma vie je donnerai un sens
J'ai grandi dans la haine et la rage
Mais j'ai tout fait pour être sage
Car je sais où je vais et j'y arriverai
Mon père, il a eu la volonté de m'aider
Mais en réalité, seule ma mère a fait de son mieux
Malgré les peines qu'elle m'a créées

Pensant me rendre heureux
Mes frères ! Je n'en sais rien.
Mes sœurs, elles s'acharnent à leur destin
Mes études j'y ai tenu dur
Car je suis un garçon intelligent et brave.
D'un ton assez grave,
J'ai réclamé mes droits, je suis déjà mûr.
La galère m'a rongé jusqu'aux os
Et mes faux amis m'ont tapé le dos
C'était devenu trop dur que je ne pouvais plus m'en
sortir.
Mais sitôt la chance m'a souri
Ma vie d'enfant abandonné
N'a pas été chose facile.
Je me suis retrouvé dans des conditions pénibles
Et il m'était difficile de s'imposer.

4. Demain est à moi

Il m'était difficile de s'imposer à mes conditions
Car ces dernières dépassent mes intuitions.
J'ai souvent échoué dans mes actions
Mais j'ai toujours repris avec foi et dévotion
J'ai connu l'échec plusieurs fois
Et même une seule fois,
Je n'ai renoncé, j'étais fort et j'avais foi
Je le sais si bien demain est à moi.
Je ne sais pas, quand je serai proche du succès
Pour cela je profite toujours de mes accès
Pour certaines personnes c'est de l'excès
Ma victoire sera très transparente et mon chemin
concret.
Demain est à moi, je n'y ai jamais douté
Aux plaisirs de la vie je vais goutter
Je me concentre plus sur l'avenir que sur le passé
N'ai-je pas raison ? Si, assez.
Je pressens et même je vis un avenir merveilleux,
Comblé et très loin des ragés et peureux
Ils seront maudits à jamais les envieux,
Car j'ai pris par de sain chemin pour être heureux.
Je n'ai jamais douté de moi-même.
J'ai confiance aux grains que je sème
Je prends des décisions rigoureuses et fermes,
Envers tout le monde et envers moi-même,
Pour cela même une seconde je ne douterai de mon
avenir
J'ai été adopté. Par qui ? Par la rue,
J'ai donc été élevé dans les conditions très dures
Et cela m'amène à des moments donnés à ne pas être
sûr,
Qu'un jour je pourrais percer et décrocher la lune.

5. Un peu de ma vie

Elevé dans des conditions misérables,
Je me suis battu pour ne pas faire des choses regrettables.
Loin de l'affection et du matériel,
Mes peines sont montées aux pluriels.
Je ne mourrais pas certes de faim
Mais pour cette vie j'avais du dédain.
De la galère et de la souffrance au quotidien
Je n'étais pas du tout sensible au câlin.
Chaque jour mon cahier ouvert j'étudie
Dans l'espoir d'une vie belle et d'être enfin séduit.
Mais pas d'avancée immédiate ce qui souvent me réduit
Dans mon vécu quotidien, ma galère s'amplifie.
Je n'avais plus autre choix
Que de vivre cacher dans le noir.
J'avais du mal à porter ma croix
Car tous mes proches étaient comme roi.
Je m'en veux à moi-même des fois,
Au-delà d'une vie de famille, j'ai choisi la solitude
Je m'étais plié en mille, comme il ne m'était pas d'habitude
Et je suis allé très loin avec une grande certitude.
J'ai la pensée très claire et bien lucide
Mes écrits ne verront pas le jour
Ou du moins je ne sais s'ils verront le jour
Trop réduit je ne faisais qu'écrire toujours
Pas de repos j'écrivais, je n'avais pas de séjour

6. Je compte bien aller au bout

Je compte aller au bout,
Développer autour de moi l'amour.
Donner de la valeur à mes goûts
Qu'elle qu'en soit le coût.
Je compte aller au bout de mes rêves
Travailler dur, permanemment et sans réserve,
Donner à ses idéologies que je conserve
La chance d'être réalité et cela sans trêve.
J'irai au bout de mes efforts
Je me battrai dur et fort
Et je défendrai mon essor
Plus précieux que l'or.
J'atteindrai mes inlassables objectifs
Sans tenir compte de l'effectif,
De personne qui m'est attentif.
Je mettrai une croix sur mes aspects passifs
Et je me rendrai très actif
J'irai au bout de ma vie.
Je vivrai et je garderai le sourire
Je sais qu'un jour je serai assouvi
Je sais qu'un jour je vais mourir.
Je le dis très haut et même je l'écris.
Je compte aller au bout de mes choix
Là se trouveraient mon bonheur et ma joie
Là je me donnerai de la valeur, je serai donc roi
Au bout de mes choix, j'irai quoi qu'il en soit.
Je compte conquérir la lune
Je m'investis et je tape dur pour en être digne
J'en suis sûr que j'y arriverai, je vois déjà des signes
Je traverserai s'il le faut toutes les planètes pour finir
sur la lune

7. La fin de mes jours

Le jour je partirai de ce monde,
Je m'imagine combien de désespérés.
Tous ceux pour qui je suis un ange et une onde
Combien de victimes et de déshérités.
Je m'imagine comment les haineux
Se prendront pour heureux.
Car de mon vivant ils sont restés malheureux
Combien ils se diront chanceux
D'avoir au moins connu un moment heureux
De leur vie de misérable et de peureux.
Après mon dernier souffle, l'ennemi,
Pourra faire sortir la tête de son taudis
S'imaginant ruineux mes belles créatures.
Mais j'assure et je rassure
A mes êtres chers une vie sans peine
Et la puissance sera reine
L'ennemi peut beau sortir sa tête
Il le retournera avec défaite.
Le jour je quitterai ce monde,
Je laisserai des traces secondes.

8. A tous mes ennemis

Je partirai un jour c'est promis
Mais ce jour, ce n'est ni hier, mais peut-être
aujourd'hui
Je n'ai pas une vie sans limite
Mais j'ai un talent sans limite.
Et cela, leur fait mal, je le sais bien.
Mais je vivrai la tête haute et le cœur sain.
Je me bats de jour comme de nuit
Parce que je sais qui je suis.
Et je sais d'où je viens
Mes parents m'ont délaissé depuis longtemps
Mais je vis et je fais mon temps.
Mes copains, je ne sais pas, certains,
Sont partis si loin et à jamais.
D'autres sont restés si bien et toujours
L'ennemi se dit « il n'aura pas de secours »
Aujourd'hui il s'écroule sous la honte
Il s'est rendu compte qu'il se trompe.

Les délires poétiques

1. Ma mère

J'aimais tellement les gâteaux,
Ma mère m'en offrait souvent des morceaux
Quand je pleure ou quand je m'amuse dans l'eau
Et sans être fatigué, m'adresse ces mots
Qui m'encouragent et me guérissent de tous les maux
« Beau garçon » disait-elle. Avec un sourire aussi
beau
Et sympathique, elle a fourni des efforts bien gros
Pour me faire grandir tout beau.
Je devrais travailler pour la construire un château
Elle m'a coupé de l'ignorance des maux
Qui minent notre société remplit de sots.
Comme ma mère, préservons le sceau
De ce pays admirable et beau.

2. Maman chérie

Quand l'astre du jour apparaît,
Tu es la seule qui courts vers mon lit,
Tu me réveilles, le petit déjeuner déjà prêt, avec un sourire,
Tu me fais lever de mon nid, du beurre et du lait,
Déjà prêts pour m'accueillir et m'offrir une belle journée.
Tu supportes mes bêtises, mes péripéties,
Mes caprices et mes conneries.
Tu es aussi belle comme peut l'être une fée.
Tu as entretenu mon corps,
Pas ton amour je suis couvert d'or
Tu me surveilles pendant toute la journée
Belle, belle maman que souvent je déçois
Je te rends grâce, tu es toute ma vie
Grâce à ton amour j'ai survécu et me suis fait peu d'ennuis.
Je suis à toi, tu es ma fierté et ma joie.
Quand l'astre de la nuit apparaît.
C'est encore toi qui me chantes des berceuses
Pour que mon âme puisse dormir toute heureuse
Tu as de la gloire maman je te le promets.

3. J'aime voyager

J'aime voyager
Aller à la découverte de nouvelles contrées.
Découvrir des lieux, qui me sont étrangers et cachés.
J'aime connaître les réalités des autres et leurs
beautés.
J'aime voyager, faire la connaissance de nouvelles
personnes
Savoir de fond comment chaque personne raisonne.
Aller à la découverte de nouvelles cultures,
Sans chercher à savoir de quoi sera fait mon futur.
J'aime m'évader, vu que je déteste la monotonie
Rester au côté des siens, mes amis et ennemis.
J'aime faire des avancées
Découvrir de nouvelles contrées.
La culture des autres m'intéresse,
Voyager vole ma tristesse et mes angoisses.
J'aime voyager, connaître le monde
Connaître toute la planète en une seconde.
Mon désir pressant de connaître tout ce qui
m'entoure
M'amène à aimer le voyage et ses contours
Faire un tour à la découverte des tours
Chasserait en moi l'esprit vautour.
Quitter ma terre à la découverte d'une autre.
Faire connaître à tous ma culture et être bon apôtre.
M'évader, aller loin de chez moi
Tout en gardant ma bonne foi.
Aller loin de ma terre dans l'espoir d'y revenir.
Connaître les autres, leur culture, me fera grandir.
J'aime bien voyager, m'évader, quitter ma terre
natale,
Tout en gardant foi que l'aventure ne me sera point
fatale
Faire de nouvelles connaissances, partager mes
connaissances,

Quitter ma précarité et aller à la quête de
l'abondance.
J'aime voyager, connaître les autres créatures divines
Toutefois en m'attachant inlassablement à mes
origines.
Voyager, découvrir le monde fera de moi un homme
comblé
Pour moi c'est une vision, c'est aussi la mission que
je me suis assignée.

4. Souvent je te déçois

Je sais que souvent je te déçois,
Et depuis, j'ai quitté la bonne voie
Pourtant tu n'as pas du mal je crois,
De me porter comme une croix.
Je t'aime de toute mon âme ni perds pas foi.
Me rendre compte que tu es toujours là pour moi
Est la seule chose qui me donne espoir
De vivre dans ce monde qui me déçoit.
Je sais que tu as été toujours sur la bonne voie.
Depuis cette nuit noire
Où nos regards se sont croisés sur la voie
Je n'ai pu oublier le son de ta voix
Et la chance immense de t'avoir.
Depuis que mon cœur a remporté cette victoire
Et s'est combiné à toi
Je me sens plus que roi
Et je savoure dès cet instant même ma victoire
Et l'espoir d'être toujours avec toi.
Je me souviens toujours de ces propos courtois
Qui chaque fois se dégageaient de ta belle voix
Pour adoucir ma conscience chaque fois et chaque
soir.
Perdu dans le noir et secoué par le désespoir
Tu es celle qui me montra la bonne voie.
Je resterai longtemps et longuement attaché à toi
Et souhaiterais que ce soit toi,
Qui décideras de tout pour moi.
Hanté par le son de ta voix
Je sens combien, j'ai envie de te voir
Pardonne-moi pour toutes ces fois
Où j'ai failli te faire perdre espoir
Te dévier de la bonne voie
Où je t'avais fait douter de moi.
Je te promets désormais marcher sur la bonne voie
Et m'abandonner complètement à toi.

Les fruits de l'esprit - Gervais Dassi - www.livres.us

J'étais guidé par l'esprit du mal crois moi
Ce qui fait que je ne t'écoute pas quand tu me parles
parfois
Pourrais-je avoir une nouvelle chance d'être prés de
toi ?

5. Donne-moi une nouvelle chance

Donne-moi une nouvelle chance dans ton cœur
Et je te promets fidélité éternelle
Tout en t'offrant une sécurité perpétuelle.
Permet moi de bénéficier à nouveau de ta chaleur.
Quand je repense aux discussions que nous avions
souvent,
Je souris, réalisant à quel point on s'aimait,
Et combien de fois on s'entraidait.
Permets-moi, ma dulcinée de convertir ce passé au
présent.
Lorsque parfois, j'analyse les raisons de notre
séparation
Je réalise combien chacun de nous développait son
égo
Et pourtant nous avions tous les mêmes défauts
Ton absence m'affecte énormément, je veux une
réconciliation.
Sais-tu qu'on formait un couple super beau
Que la majorité de notre promotion enviait et
jalousait.
Aurais-tu oublié combien de fois dans mes bras tu
t'emportais.
S'il te plaît reviens à moi, viens et ensemble
partageons notre beau gâteau.
Accorde-moi un nouveau mandat dans ta vie
Et sache que c'est de toi seul, j'ai envie.
Tu dois être la seule qui m'a réellement connu
J'espère ardemment ton retour
Accorde-moi bébé une seconde chance et un
deuxième tour
Et à jamais tu ne seras déçu.
Je t'attends encore, et toujours je t'attendrai
Et j'espère qu'un de ces jours tu m'écriras « je
reviendrai »

6. Je déteste

Je déteste l'infidélité
Car elle ne garantit pas la prospérité.
Je déteste l'oisiveté
Car elle confère la cupidité.
Et nous rapproche de la médiocrité.
La vie n'est que vanité.
Vivons donc avec sérénité et docilité
Nous n'avons qu'une durée déterminée
Bien que le rêve soit illimité
Et d'une certaine immensité.
Je déteste l'adversité,
Car elle est contraire à mes réalités.
Et le secret de l'éternité,
N'est pas de vivre dans une certaine rapidité
Mais de vivre avec sérénité et docilité.
Mes efforts de défense ne seraient que futilités
Si je ne fais pas confiance à mes divinités.
Peu importe mes différentes civilités
Je ne pourrais vivre dans la convivialité
Si je ne m'incline pas à ces divinités.
Et ma vie risque d'être une véritable vanité,
Je suis si faible et d'une immense fragilité
Et face à mon Dieu, mon avenir est une friabilité.
J'ai trop aimé faire mes choses avec rapidité
Et refuse de croire qu'avec ma fraternité
Je suis au même pied d'égalité
J'aime vivre harmonieusement et j'adore la probité
Même si entre femme et homme je déteste la parité
Qui me semble contraire à la moralité
J'aime la fidélité, la probité et mes divinités
Pour travailler dans la rapidité et la sécurité.

7. Interruptions volontaire de grossesse IVG

Femme aux douces saveurs
Femme aux multiples valeurs
Rends-toi compte de tes conneries
Et éloigne de toi ces sauvageries
Femme aux multiples senteurs
Reconnue pour sa chaleur
Arrête cette pratique deshumanisante
Et sache qu'une grossesse, est une âme puissante.
Femme aux multiples senteurs
Renais en toi tes vraies valeurs
En optant pour que chaque grossesse soit désirée
Et essaie de convertir cette pratique au passée.
Mes conseils ne te feront peut-être pas changer d'avis
Mais rends-toi compte que ton attitude te causerait
beaucoup d'ennuis
Elle pourrait un jour t'arracher la vie
Comme tu l'aurais fait à ces petits.
Femme moderne, tu es la véritable cible
Sache que *NIVG** sera le véritable sigle
Dis non aux interruptions volontaires de grossesse
Et Dieu t'accordera toute sa sagesse.
Femme d'aujourd'hui, conseille ta fille, conscientise-
la
Pour qu'elle sache qu'il ne faut pas courir par-ci par-
là,
Mais qu'elle sache, qu'il faut abstinence et fidélité
Afin qu'elle puisse bénéficier de la bonté,
Une vie est, tu le sais bien, précieuse
Alors une grossesse doit être gardée de façon pieuse
*NIVG** est la devise
Éloigne-toi de tes sottises.

NIVG : Non aux Interruptions Volontaires de
Grossesses

8. Etudiant

De peine en peine, ce jeune dévoué,
Continue sa lutte et point ne se résigne.
Il ne voit apparemment aucun signe
Pouvant lui permettre de lutter
Mais il garde espoir et se fie à sa destinée.
Dès qu'il mit pied à l'université
Il arrive à voir la vie autrement
De plus en plus il s'exprime couramment
Ce jeune qui ne sait à qui se confier.

9. Mes frères

Les gens que j'ai sortis de la faim,
Aujourd'hui veulent ma fin.
Les gens à qui j'ai tout donné
Veulent maintenant me voir pleurer.
Qu'ai-je fait de si mal
Pour qu'ici me recale.
Mon Dieu pourquoi ça
Comment puis-je comprendre cela
Ceux qui se prétendre être mes frères
Ont l'incarnation directe de Lucifer
Difficile à comprendre ce dilemme
Comment s'est mis en place ce système
Que sont devenus exactement mes frères ?

10. J'apprends dans l'humilité

J'apprends dans l'humilité,
Ce qu'il faut pour forger ma personnalité.
J'apprends de façon pacifique
Des notions authentiques.
Partager avec mes proches mon savoir
Afin de pourvoir diversifier mes avoirs
Tel est mon propre
Et je m'investis ainsi à d'être sobre.
J'apprends d'homme à homme
Et tout mon savoir fut la somme.
Coincé dans ma petite pièce,
Essayant de réunir mes pièces,
Je ne pourrais sûrement connaître le monde
Alors je me cherche d'homme à homme chaque
seconde.
Mon âme a du mal à répondre à certaines questions
que je la pose
Donc chaque fois, il me faut rétrospection et de
bonne pause
Pour me rendre compte que je ne me suffis pas
Et faire recours à des sources que je ne connais peut-
être pas.
Afin de pouvoir acquérir et diversifier ma
connaissance et mes avoirs
Pour les partager avec des personnes qui me croient.
J'apprends humblement tout en me soumettant
Des notions que je garderai sûrement longtemps,
Et qui à coup sûr participeront à mon élévation.
Je m'incline et j'obtiens de grandes bénédictions
Pour être réellement élevé et grandi.
Ma vie est un scenario, je ferai tout pour séduire.

11.Echec

Parfois, il faut tenter quelques épreuves de la vie et
en échouer
Que de ne pas tenter de peur d'échouer.
J'ai pensé que toute ma vie était un calvaire
Et j'ai maintes fois tenté des actes suicidaires.
Il m'a fallu tenter quelques épreuves que je jugeais
difficile
Pour m'en apercevoir, que bien qu'échec c'est
pourtant facile.
Il vaut mieux échouer, échouer et continuer
d'échouer
Que de renoncer et au pire désister ou résister.
C'est dans l'échec pour les endurants, qu'on mesure
ses capacités c'est dans l'endurance, qu'on reconnaît
ses talents et potentialités.
La réussite n'est que le résidu de plusieurs tentatives
Elle est aussi le résultat de quelques pensées
spéculatives.
   Réussir en fait loin d'être une chance est plutôt une
ténacité.
Réussissent, ceux qui se battent et acceptent
l'atrocité
Il est dit, l'espoir est la meilleure chose qu'un homme
ne doit perdre
 J'ajoute, réussir est la seule chose qu'on doit
chercher à étreindre.
Sachons qu'au seuil de la réussite se trouve l'échec,
Qu'il n'y a qu'un pas entre la réussite et l'échec.
Peu importe les saisons de la vie, que ce soit, humide
ou sec,
Le soleil ne manque jamais son rendez vous
Peu importe notre chemin, on doit se battre jusqu'au
bout.
Le vrai échec, c'est le recul définitif que l'on prend
face aux obstacles.

Echouer et ensuite réussir est un fabuleux spectacle
Il vaut donc mieux tenter et d'échouer
Que de ne pas tenter de peur d'échouer.
La route de la réussite est plus épineuse que celle de
l'échec.

12.J'ai bien envie

J'ai bien envie de me faire des amis
Mais au final, je ne me fais que des ennemis.
J'ai bien envie de séduire
Mais je me sens réduire.
J'ai bien envie de me faire plaire
J'ai bien envie de me taire
Mais les hommes sont si cruels
Et ont un caractère rebelle.
J'ai bien envie de dire des vérités
Mais elles sont contraires à mes réalités,
Dans ma société, les gens détestent la vérité
Alors, il faut que je sois en conformité.
J'ai bien envie de faire, de bonnes choses
Mais je me rends compte que la vie n'est pas si rose
J'ai bien envie d'aider mes frères
Mais ils ont l'incarnation de Lucifer
J'ai bien envie de vivre dans la confrérie
Mais ceux qui m'entourent ne font que des conneries.
J'ai bien envie de vivre longtemps
Mais il paraît que chaque chose a son temps
J'ai bien envie d'écrire
Mais personne ne veut me lire.
J'ai bien envie d'être optimiste
Mais la vie me force à être pessimiste
J'ai bien envie d'aller à l'école
Mais là-bas il n'y a que des personnes drôles
Et chacun se dit être dans son rôle
Alors il faut que je m'abandonne à l'alcool.
J'ai bien envie d'étudier
Mais je me sens fatigué
J'ai bien envie d'enseigner
Mais personne ne veut m'écouter
J'ai bien envie de me faire comprendre
Mais les gens m'écoutent, sans m'entendre
J'ai bien envie d'avoir des envies
Mais la vie, ne me fait que des ennuis.

 Les fruits de l'esprit - Gervais Dassi - www.livres.us

13.J'ai peur

J'ai peur de mal me conduire
J'ai peur, de tout dire.
J'ai peur d'être abandonné
Par les personnes que j'ai aimées
J'ai peur d'abandonner
Les personnes qui m'ont aimé
J'ai peur de semer dans les cœurs de la terreur
J'ai peur, que mes amis aient de moi des horreurs.
J'ai peur, de faire peur
J'ai peur, de croire que j'ai peur
J'ai peur, de voir mes proches dans la merde
J'ai peur, de ne plus vouloir de mes amis de l'aide
J'ai peur de ne plus avoir besoin de mes proches
J'ai peur que les gens me fassent des reproches
J'ai peur des péripéties de la vie
J'ai peur des enflures de ma vie
J'ai peur de ne croiser, sur mon chemin, que des
amis perfides
J'ai peur de croire que jamais je n'aurais des amis
solides.
J'ai peur de savoir que je n'ai jamais eu peur.
J'ai peur de remarquer que je n'ai pas de rancœur
J'ai peur dans la souffrance méconnaitre mes amis
J'ai peur de haïr mes ennemis
J'ai peur de vivre dans la décadence
J'ai peur de cultiver l'arrogance.
J'ai peur d'être absurde dans ce que j'écris
Peur, de ne pas être candide dans ce que je décris.
J'ai la peur de cœur
Lorsque je pense que la rancœur
Pourra être ma saveur.
J'ai peur de ne plus être prévoyant
Mais de juste être clairvoyant
Parfois peur de prédire l'avenir
Des fois, fier de savoir ce que je vais devenir
J'ai peur, de tout ce qui fait peur,
Et garde peu de rancœur.

14.Sur mon chemin

Sur mon chemin
À la recherche de demain
J'ai vu l'espoir
Qui me dit à douce voix
Demain appartient à ceux qui me croient.
Un peu plus loin
À la recherche de demain
Je vis la persévérance
Qui me dit en toute confiance
Mon frère donne toi
Et surtout garde foi.
Moi et mon frère espoir
Sommes prêt à te redonner la joie
Si tu nous retrouves notre cousin effort
Lui il te rendra plus fort
Déterminera ton sort
Et te permettra de battre le record.
Sur mon chemin
À la recherche de demain
La confiance m'interpella
Et me confia
Lorsque tu m'auras avec mon frère effort
Nos deux frères persévérance et espoir
Tu battras le record
Sur mon chemin rocailleux
À la recherche d'un demain merveilleux
L'effort et la confiance,
L'espoir et la persévérance
M'ont beaucoup promis.

15.Ma culture

Oh ! Ma culture,
Mon adorable culture
Sans toi, je suis perdu.
Que ce soit au présent ou au futur
Je resterai attaché à toi ma culture.
Seule toi affiche réellement mon identité
Oui toi seule me permets la prospérité.
Adorable culture ! Que me frères rejettent sans pitié
J'aimerais éternellement préserver notre lien d'amitié
Oh ! Ma culture adorable culture
Tu as certes de multiples fissures
Mes frères t'ont créée d'énormes blessures
Adorable culture je te garderai même au futur.
Culture africaine, culture béninoise
Tu es et restes la culture bourgeoise
Certains t'ont traitée de culture villageoise
Toi, cette grande culture béninoise.
Ma culture, miroir de ma vie
Tu es toute ma vie
Ma culture, meilleur culture de la vie
Sans toi, je m'acculture
Malgré toutes ces fissures
Que mes frères ont infligées à ta créature
Tu es la meilleure culture.
La culture sans la tienne
Est un délire, un paradoxe
Et rend peu orthodoxe
Il n'existe pas de culture sans la tienne.
Oh ! Adorable culture
Oh ! Culture à fissure
Je panserai tes blessures
Ma culture, mon futur.

16.PAIX

Mot mystérieux
Qui rend heureux
Mère des nations
Tu rassures nos actions.
Toute l'humanité te veut
Mot très sérieux
Viens à nous, nous t'exhortons
Et sur toi nous comptons.
Mon beau pays a besoin de toi
Ma jeune démocratie veut te voir
En toi, nous avions mis nos espoirs
Ne nous mets pas dans le désarroi.
Viens mes frères te recherchent
Montre-toi, car ils te cherchent.
Le monde s'engloutit
Viens nous faire sortir.
S'il faudrait qu'on t'achète
Les Etats-Unis seront à la tête
Mon pays ne pourra t'avoir
 Et s'élargiront nos désarrois.
J'imagine combien tu coûteras
Des milliers de dollars ?
Tu vaux mieux que des dollars
Oui ! Tu vaux mieux que ça
Mieux que la richesse mondiale réunie
Par conséquent, il serait difficile de s'en offrir.
Alors ! Aie pitié et viens,
Viens renforcer nos liens.

17.Mes aveux

Je veux, que la terre entière
Puisse connaître la lumière,
Que chacun sorte de ses ornières
Afin que nous puissions jouir de nos pépinières.
Je veux que la terre entière puisse connaître la gloire
Que chacun de nous puisse se sentir comme un Roi
Que nous puissions vivre dans ce monde avec espoir
Et que chacun puisse être capable de porter sa croix
Je veux qu'entre nous, puisse exister la fraternité
Que nous sachions que les richesses matérielles, ne
sont que vanité
Que nous puissions vivre tous dans la convivialité
Renforçons nos liens d'amitié pour qu'ils puissent
être une opportunité
Je veux que la terre entière, puisse vivre heureuse
Que nous bravons les obstacles de façon courageuse
Que nous puissions tisser des relations
harmonieuses
Je veux que la terre soit encore plus belle
Et que la vie par ici, soit éternelle
Que les personnes rebelles
Soient jetées dans les poubelles.
Je veux que mes frères se comprennent
Qu'ils s'aiment, qu'ils s'entraident et qu'ils
s'entrainent.

18.Le courage

Mes frères avec des efforts sempiternels
On réussira un jour à sortir du tunnel.
On touchera des mains le ciel
On construira des gratte-ciels
On aura des nouvelles,
Plus qu'avant de l'éternel
Notre berger, l'unique depuis des siècles
Bien vrai les hommes sont cruels
Et leurs cruautés sont graduelles
Sachez qu'on est suspendu à une petite ficelle
Et puis que le jeu n'en vaut pas la chandelle
On jouera à l'aide de nos ailes.
Mes frères avec des efforts sempiternels
On réussira à décrocher la lune et toucher le ciel
On montera sur une échelle
Que Dieu a confectionnée pour nous depuis le ciel.

 Les fruits de l'esprit - Gervais Dassi - www.livres.us

19.Le travail a du coût

Je suis *ecrivers**,
Mon nom est Gervais
Je suis né dans les vers
Et tous mes propos sont couverts
De bonheur et d'enchère
Pour moi la souffrance est éphémère
Réussir à partir de rien,
Tel est mon destin
Je ne cesse de fournir des efforts
Et j'en suis sûr que l'essor
Ne tardera pas à faire jour
Je sais que le travail a un coût
Ce coût n'appartient qu'à ceux qui se donnent
Et jamais ne s'en lassent et ne s'en bornent
A un destin non fécond
De par mon travail, je réponds
A un destin fécond et profond
Et je souhaiterais que cela soit le plafond
De toute personne ayant envie de réussir
Réussir, c'est un grand désir.
Ecrivers : personne qui écrit des vers sans pour
autant être poète

20.Le travail à la main

Le travail perçu comme un fardeau
Libère l'homme, offre au petit orphelin
Qui se donne de nombrables cadeaux.
Le travail bien fait trace un chemin
A suivre pour s'éloigner des maux,
C'est parmi les plus grands canaux
Qui donne accès au bonheur et au pain.
Assure le bonheur des humains,
Le travail est ami de tous,
Même si certains le repousse
Il est lié à notre destin
Et nous permet de s'esquiver de la faim
Le travail c'est pour les forts,
Pour ceux qui ont toujours le courage.
Il est un coffre-fort
Dont le code d'accès est le courage
Prend soins de tout le corps,
Et même aussi de l'esprit de l'homme.
Aussi facile, il présente d'immenses pièges
Le travail à vrai dire se présente comme,
Un véritable sacrilège ; un sortilège
Dans les conditions où il est obligatoire
Pour satisfaire les problèmes quotidiens.
Il est en toute personne même en toi
C'est la souche primordiale du pain.

Les fruits de l'esprit - Gervais Dassi - www.livres.us

21.Petit orphelin africain

A toi petit orphelin africain
Privé de tous droits humains
Que le courage soit ton quotidien
Qu'il te soit précieux et objet de lutte sans fin,
Que tu sois marginalisé même pas tes cousins
Ne sois point déçu, prends ton courage en main
Et tu verras que tu décrocheras ces trésors lointains
Tes aïeux sont pour toi un soutien
Grâce à ton courage tu écraseras la paresse sans
lutin
Ne sois pas anxieux tu répondras aux devoirs de ton
destin
C'est toi qui demain organiseras les plus grands
festins
Et tout cela à partir de rien
Avec ce même courage tu gagneras ton pain
quotidien
Sache que tes géniteurs défunts ne sont pas loin
Ils sont là dans tes luttes pour demain, africain
Ne te décourage point frangin
Petit orphelin ne joue pas au malin
Travaille dur et sois toujours dans l'entrain
Ne mène pas les actes clandestins.
A toi jeune petit orphelin, africain
Privé de tous droits humains
Lève-toi il sera meilleur demain.

22.Mon bouquin

J'ai écrit dans un petit bouquin
Que je garde toujours dans ma main
Mes conneries et mes petits malins
J'y ai raconté mes drôles histoires de gamin
De comment j'allais pêcher des fretins
J'ai raconté dans mon petit bouquin
Comment je me méfiais des requins
Comment par manque de respect je crevais sous la faim
J'y ai raconté mes caprices et mes actes inhumains
J'ai écrit dans mon petit bouquin,
Un parcours qui était le mien
Comment j'étais un petit crétin
Comment je saisissais les objets de mes copains
Comment je les taquinais et prenais leurs pains
Je n'ai pas oublié d'insérer à la fin
De mon petit bouquin
Comment ma mère m'a nourri au sein
J'ai aussi parlé de mes amis orphelins
J'ai narré mes voyages à train
J'y ai raconté mes enfantins

23.La vie humaine

Nous sommes nés pour réfléchir
Comme les genoux pour fléchir.
L'homme est un être prédestiné au travail
Être heureux pour les retrouvailles
Condamné à un seul sort, souffrir
Afin qu'un jour sur son trésor, bondit.
Il n'est que toute sa vie à la recherche de la liberté.
Et s'il se donne bien l'obtient à satiété.
Être qui s'acharne au quotidien
Comme un pèlerin à son destin.
Être qui chaque fois se résigne,
Et se donne de fermes consignes
L'homme est un être complexe
Un être dominé par un comportement perplexe
Être qui ne se fie qu'à Dieu et qu'à la nature
Être vraiment docile attendant le salut.

24.Homme libre

Surpasse ta peur naturelle
Pour obtenir un cœur spirituel
Apprends à être fort tout seul
Dans le noir ou la lumière, fixe le ciel
Comporte-toi comme un intellectuel
A la quête d'un fameux duel
Avance dans le noir les yeux fermés
Fais un pas sans les ouvrir, soit courageux
Fais un autre pas, débarrasse-toi de tes pensées
Avance tout droit comme une fusée
Tu feras d'énormes avancées.
Et ton nom sera respecté dans les musées
Apprends à beaucoup plus te concentrer le jour
Et dans la nuit reste tranquille comme un sourd
Reste bien droit et surtout redresse ton cou
Que cela soit ailleurs ou dans ta cour,
Révise tes paroles, par cœur, n'oublie pas ton cours
Observe bien la nature, et surtout les fous,
Ecoute ton cœur, apprends par ton savoir à voir les
autres
Plus qu'ils ne te voient et en obtenir d'autres*
Sache que tu es un homme libre, un apôtre
Apprend à lire dans leurs pensées et à t'accroître
Le monde n'appartient qu'à un autre
Mais les pensées sont les nôtres
Qu'il est d'autres par les nôtres ou pas tu es un
apôtre
Sache qu'il existe un autre monde dans notre monde
Tu ne peux qu'obtenir des messages de ce monde que
par les ondes
Je dis les ondes, les ondes de ton cœur, des pensées
qui inondent
Sache te comporter, méfie-toi des immondes qui
t'éloignent du monde
Aie un esprit saint, débarrassé et purifié pour
conquérir ton monde

Fais chaque jour ton exercice sans trêve
Fixe ton regard sur un objet et observe
Tu verras ce que ton nouveau monde te réserve
Concentre-toi le plus possible sans réserve
Tu seras capable de rendre réalité tes rêves
Débarrasse-toi de tes haines, de tes saletés sois sain
Oublie de toutes tes forces la saint valentin
Donne-toi une vie de solitude et médite chaque matin
Au lever du soleil médite et médite encore, tu auras
du gain
Ne t'attends surtout pas à du matériel mais du
spirituel saint

25.L'art de se faire des amis

Admettre qu'on est en erreur,
N'est pas un défaut, mais une qualité
Démontrer chaque fois sa grandeur
Témoigne de notre incapacité, de notre infériorité
Ecouter, comprendre et accepter
L'avis des autres est notre grandeur,
C'est cela qui consolide nos relations
Et nous comble d'intenses moments de bonheur
Aucune personne n'est faite que de gloire
Mais l'homme le plus humble est celui de la
soumission
Et l'homme le plus mal vu est celui des débats
contradictoires
La plus grosse erreur de l'homme c'est sa passion à
la discussion
Accepter, qu'on est en erreur,
Nous permet largement d'ailleurs,
D'accroître notre niveau de compréhension
Par rapport à un sujet de réflexion.
Amasser des trésors, c'est bon
Mais se faire des amis c'est mieux
La vie nous donne de belles leçons
Que nous devrions usitées dans nos milieux
La recherche d'amis est préférable à la recherche du
trésor
Car l'amitié est le plus beau pays où les efforts
s'unissent
Pour amasser les trésors et battre le record
L'amitié est bonne malgré les situations qui
subsistent
L'homme de grande foi n'a pas besoin de le
démontrer
La grandeur d'une personne naît dans sa capacité de
s'abaisser.

Les fruits de l'esprit - Gervais Dassi - www.livres.us

26.La vie n'est rien

Si on doit être uni
Tout comme une belle famille,
Et on doit l'être pour toujours,
Il nous faudra se comprendre chaque jour
Ensuite s'entendre
Pour entreprendre le succès
La famille n'est rien pour les irascibles
Si vous êtes en train de délirer
Laissez-vous corriger
Et chercher à aller de l'avant
Oubliez toutes les médisances
La vie n'est rien sans les autres
Pourquoi pas beaucoup de connaissances
Et respecter nos semblables
La vie est comme une fleur
Dont l'homme est pour elle, l'eau
Et sans l'eau, la fleur meurt
Donc sans l'homme elle meurt également.

27.Argent

Argent ! Qui es-tu ?
D'où viens-tu ?
Pour avoir un tel mérite
Et être comme une élite
D'où viens-tu ?
Pour être si précieux.
Tu es adoré comme un dieu
D'où viens-tu
Toutes langues proclament ton nom
Tu occupes une place de renom
Grâce à toi, nous disons « non à la misère »
Franchement tu as une place particulière
Tu es au-dessus de toute l'humanité
Nul ne doute de ta sacralité
Tu gouvernes tous les peuples
Grâce à toi, nous avons les meubles et immeubles
Tu apaises tous les cœurs
Tu es plus précieux qu'un bouquet de fleurs
Tu es toute une divinité,
Malgré que je te trouve vanité
C'est bien toi qui assures le quotidien
Pour l'homme tu es vraiment saint
Tu nous unis à la fois nous désunis
Tu nous fais une combine de pleures et de sourires
Quel est ton mécanisme ?
Même avec le psychisme,
Je n'ai pu te connaître
Tu es un mauvais maître
Argent ? Tu es qui ?
Tu nous apportes à la fois bonheur et malheur
Souvent tu nous donnes une vie meilleure
Parfois tu ne nous laisses pas le choix
Au-dessus de tous plane ta puissante voix
Tu nous mets entre la vie et la mort
Franchement pour toi j'ai du remords
Tu es sans pitié

Oui ! Tu es vraiment vanité
Tu es un criminel silencieux
Tu es comme précieux
Mais en réalité, tu ne l'es pas
En conduisant des fois mal nos pas
Je te déteste et je te hais
Tu es mon ami ennemi tout compte fait

28. La lecture

La lecture rafraîchit la mémoire,
Et avec un peu d'espoir
Parvient à étudier l'histoire
Dont parle l'auteur à l'auditoire
La lecture ouvre un chemin de motivation
Aux plus grandes méditations
Et sans cesse emporte le lecteur,
Vers un monde meilleur
L'offre une détente aussi énorme.
Sur toutes ses bornes
La lecture est le bon partenaire
De l'individu solitaire
Car elle fait taire,
Aux lecteurs, sa solitude
Et comme il est de coutume
Dans ces variétés lucides et limpides
Rend les lecteurs à tous regards splendides
Et les ouvre plusieurs horizons
Comme les beaux rayons,
Du soleil, éclaire tous les coins du cerveau
Comme les manches du ciseau
Coupe l'ignorance aux lecteurs
La lecture est sans doute d'importance
A ne point négliger.

Les fruits de l'esprit - Gervais Dassi - www.livres.us

29.L'écriture

L'écriture pour moi est plus qu'une mission,
Plus qu'une ambition
Elle est toute une passion
Je vous assure j'y éprouve assez de considération
Je suis sûr qu'après ma mort participera à ma
résurrection
De mon vivant déjà elle m'a libéré de la prison
J'ai fort raison d'exhaler mes émotions
Elle est ma plus grande direction
D'autant qu'elle est une très noble action
Participe fort à notre construction
Sur elle je fais la plus grande de mes méditations
Elle a une part active à mon édification
En son unique forme action
Donne accès à des horizons
L'écriture m'est plus qu'une mission
C'est toute une contemplation
Elle naît de la raison
Permet de traduire à longue date l'expression
Avec la lecture, on y observe une progression
Certes elle bloque la pensée malgré son dynamisme
La pensée étant le plus grand déterminisme.
Elle est loin d'entrainer un mutisme
Participe étroitement au nudisme
Plus d'inquiétude elle est presque du naturisme
Elle s'adapte à tout au lyrisme et au civisme.

30.Que font-ils naître

Les expériences font naître en nous nos
connaissances
Le courage fait naître en nous le progrès
Les sentiments font naître en nous les émotions
L'éducation fait naître en nous la sagesse
Nos projets font naître en nous l'avenir
La confiance fait naître en nous l'amitié
La communication fait naître en nous la
compréhension
L'amour du prochain fait naître la paix
La jalousie conduit à un résultat défavorable très
souvent.

 Les fruits de l'esprit - Gervais Dassi - www.livres.us

31.QUI, QUI DONC ?

Qui n'a jamais commis un Larcin,
Pour assouvir sa faim ?
Qui dans une situation sans fin
N'a jamais tenté renoncer à son destin ?
Qui est notre support
Quand on a du remords ?
Qui est celui-là, qui ne fournit pas d'effort
Pour s'esquiver d'un mauvais sort
Qui est cet homme qui a un cœur
Et qui n'aime pas les belles fleurs ?
Qui n'a jamais eu de rancœur ?
Qui n'a jamais commis d'erreur ?
C'est qui donc cet homme naturel
Qui n'est pas une créature belle
Et à la fois une créature rebelle ?
Qui est cet être que Dieu a fait,
Et qui peut se juger parfait ?

32.La sagesse

Depuis le ventre de ma mère, bien qu'étant en détresse
Mes yeux tournaient déjà vers la sagesse
Quand j'étais enfant, je cherchais les voies
Et moyens pour me rendre sage chaque fois
Quand j'étais jeune avant d'aller à l'aventure
Je la recherchais en m'adressant au maître de la créature
Quand j'étais parti à l'aventure avec la sagesse
Je l'ai gardée avec soins, précautions et délicatesse
Quand j'étais devenu vieux je l'ai préservée et rendue dure
Pour ne pas enfreindre aux lois de la nature
Et maintenant dans le ventre de la terre
Ma mort est une vie éternelle loin de Lucifer
Et mes souvenirs sur terre ont trait à la sagesse
Pour l'homme à cœur vaillant, la sagesse,
 Doit être son crédo quotidien,
Elle garantit le succès du destin
Et un avenir rempli de bonheur.

33.La mort

Il faut noter que la mort,
Nous fait toujours du tort
Néanmoins, tout humain la connaîtra.
Quelle que soit la situation un jour se présentera
Les saints de ce monde l'ont connue
De par leurs esprits divins l'ont vaincue.
Nous sommes à la fois corps et esprit
Et appelés à vivre pour le meilleur et le pis.
Pourquoi craindre donc la mort
Si nous savons que c'est un sort.
Si les saints l'ont connue et vaincue
Alors par nous elle sera répandue et rompue
Si l'homme est conçu à évoluer de manière
progressive
Il trouvera alors la mort sans qu'il ne s'en esquive
Si nous sommes conscients que la terre n'est pas
notre demeure,
Pour toute l'éternité alors pourquoi tant de peur
Devant ce simple infini la mort
Qui n'est pas autant fort comme l'homme si fort
Tenons à respecter nos liens, et ignorant la mort
Car elle tente à nous rendre moins forts
Réduit nos rêves et nous rend moins efficaces.
Dévoile sauvagement notre deuxième face
Oublions qu'elle existe
Afin que nos âmes y résistent.
Plus, nous allons penser à elle,
Plus elle se rapprochera, et de ses ailes,
Emportera le corps et même l'âme
Sans que nous trouvions une arme,
Pour sauver au moins l'âme.
Et cela serait un grand drame.
Quand nous ne l'attendons pas, au quotidien,
Intervient pour nous donner un bien.
Ce bien, c'est qu'elle nous crée un monde,

De paix, d'amour éternel et d'une sécurité assez
grande,
Que celle de ce monde qui en est dépourvu
La mort, il ne s'est à rien de l'éviter elle nous est
confondue.

34. J'ai grandi

L'année dernière, je n'étais qu'au CI*
Cette année je passe pour ma troisième année
Je ne dors plus en salle
Je raisonne mieux en classe
Je ne suis plus comme avant sal
Je comprends mieux ce que dit le maître
Je mesure plus de centimètre
Je ne bavarde plus en classe
J'ai grandi, évidemment grandi
J'ai grandi, je le reconnais également
Par mes actes dans la cité,
Je me comporte sagement
Je résous les querelles entre mes amis
Je les convie à un bon départ
Pour affranchir tous les ennemis
Je ne me mets plus à l'écart
Pour les travaux publics
Pour ne pas être honni et insulté
J'ai grandi évidemment grandi
*CI : Cours d'Initiation

35.Mes mots

Pareil à un grand poète
Qui sans cesse écrit ses textes
En s'inscrivant dans un contexte
Moi je pense à longueur de journée de mes vers
Le regard toujours tourné vers
Mon peuple avec un sentiment d'amour couvert
De part et d'autre de multiples pensées.
Remplir de ces bonnes idées
Que je proclame à travers les contrés.
Pareil à un artiste chanteur qui chante
De tout son cœur, moi, assis sur une pente
Je prie inlassablement pour la paix
Et je suis sûr qu'avec vous, mes pairs,
On obtiendra cette paix qui va sans doute nous
satisfaire
Comme une mère aime ses enfants,
Moi je suis comme un encens,
Sacré qui se répand.
Mon peuple souffre
Il est couvert de poudre
Si j'étais un poète
J'allais remplir mes textes
De ses habitudes qui nous handicapent

36.Le village

D'autant que la ville
Le village a aussi ses charmes
Sa beauté aussi resplendissante
Ainsi que son état d'âme
Ses vertus et son ignorance,
Lui, mettent dans une ambiance
Aussi qu'à une parfaite confiance
À la claire lune, sa beauté triomphe
Celle des plus belles contrés
Toujours d'une humeur sympathique
De sa manière d'être
Découlent des histoires,
Des contes, des jeux
Sont ces émotions
Sa joie est immense
Qu'elle ne peut être défini.

37.Mes aspirations

Personne ne connaît mes aspirations
Nul n'a une idée de mes inspirations
Tous ce las de mon monologue et de ma tautologie
Mais seul cela m'éloigne de la nostalgie
Je suis loin de mériter des prix Nobels
Cela ne m'érigerait point en Rebel
J'écrirais longtemps que j'aurai le souffle
Je resterai simple, concentrer et très souple.
Qui suis-je réellement ?
Personne ne me connaît évidemment
Dieu ! Oui ! Lui il doit me connaître
Il a vu très bien mes aspirations naître
Il doit réellement savoir qui je suis
Moi-même je sais à peine qui je suis et qui je fuis ;
Dois-je avoir peur de mes amis ou de mes ennemis ?
Il le sait lui, on a même fait des compromis
Que j'ai sitôt considéré comme un acquis
Car sur ce sujet je me suis fait trop de soucis.
Dois-je dévoiler au public mes révélations ?
Ma contrepartie à ce sujet de réflexion
Beaucoup en voudront une positivité
Mais je préférerais rester dans ma subjectivité
Donner mon approbation à ce sujet,
Enduira en moi un rejet.
Mes amis m'en voudront à mort
Et mes ennemis s'accentueront sur mon sort
Je ne pouvais quand même pas m'empêcher de dire :
Je partagerai ce que je connais avec ceux qui aiment
lire
Pour cela j'aborderai le sujet sur son premier aspect
Je ferai tous les détails nécessaires avec respect.
Violer ma règle d'or, Dieu en ait le premier suspect
C'est lui qui m'empêche de taire le sujet

38.La poésie et le poète1

Longuement j'ai fait ma routine,
Pour me rassurer que mes vers fascinent
Ma pensée, si vite, se dessine,
Sur ma fameuse platine.
Assez de relation divine,
Pour me rassurer de ce que je devine.
Personne ne sait comment ma pensée se dessine
Dans ces vers propres et plats comme des platines
Je sais qu'à travers mes vers j'assassine,
Ces personnes innocentes qui ne se l'imaginent.
Ma manie d'écrire et de retranscrire ne figure pas
dans les magazines
Pourtant je perce, j'évolue et garde toujours la même
mine
S'est enfoncée dans les cœurs d'aucuns comme une
épine
Moi j'ai essayé de remplacer ma poésie par ma
copine.
Hélas ! Elle s'est plus entassée comme des sardines
Alors, j'ai essayé d'en faire une combine
Une fois encore j'ai échoué, comme je ne l'imagine.
Ma pensée s'est attroupée comme une dune
Et ma poésie m'a dit qu'elle en serait une
Une et la seule d'ailleurs sur la platine
Devrais-je accuser ma pensée qui me fascine ?

39.La poésie et le poète2

Avec une énorme docilité,
J'ai appris à connaître la poésie et ses réalités.
Pour moi elle a été comme un véritable accul
Le monde des rimes ne m'offre aucune chance de recul
Cachant d'énormes mystères comme la créature féminine
La poésie s'est imposée à toute la créature divine
Certains ont avoué aduler ma rime.
Moi qui avais longuement censuré mes pensées sublimes
N'arrivais point à mesurer ce caractère subliminal, de ma poésie
Je m'étais trompé pensant vivre sans cette poésie qui m'anesthésie
Est-ce un mérite, une offre, un don ou une grâce
Je ne pourrais répondre à cette question sur place
Je me disais que c'est peut-être le mérite d'une offre de don de grâce
Que Dieu a fait pour que les célèbres se remplacent.
Mes vers sont si faibles pour l'éloge de ces célèbres
Certains auraient pu être célèbres mais sont restés dans les ténèbres
Jusqu'au jour de leur célèbre funèbre
Ma position actuelle pourrait m'arracher la vie comme une fièvre
Je n'ai aucune preuve de ce que prétend mes vers
Mais nous savons tous que les poètes il en a eu divers.
Les célèbres, les ténèbres et les funèbres
Célèbres, ceux qui ont pu séduire l'humanité, Césaire.
Ténèbres, ceux pétris de connaissances mais téméraire
Et les funèbres d'un sentiment assez timide et non audacieux.

40.La poésie et le poète3

Une inspiration incroyable et puissante
Nait d'une expérience enrichissante
La poésie n'est pas un art comme les autres
Elle en est tout autre
Personne ne devient poète,
On peut devenir interprète mais on naît poète
D'autant que la passion s'incarne dans l'âme
La poésie pourrait causer aux poètes trop de drame
Un poète naît expérimenter, car il a souvent double
vie
Il vit la première avant sa naissance et la seconde
avec nous ici.
Voilà ce qui lui confère une expérience enrichissante
Sa première vie a été passionnellement envahissante
et débordante
L'inspiration poétique est hors du commun
Le savoir et la connaissance est certes en chacun
Mais la poésie et l'inspiration poétique uniquement
aux poètes
Je n'écris pas en tant que poète mais interprète
Je crois que je suis d'ailleurs loin de l'être
Je ne pourrais certes donner une explication de mon
être.
Mais tout ce que je sais est qu'on ne devient pas
poète
On naît poète, et on devient interprète.

41.Mes 22 ans

22 ans d'existence
22 ans de souffrance
D'étape en étape,
Des opportunités échappent
Une combine de joie et de peine
Ma considération pour vous reste toujours sereine.
Merci et infiniment merci maman
Je t'ai fait subir tant de mal et de tristesse
Mais tu m'as aimé que ne pourrait le faire une maîtresse
Je sais que dans ta vie, je suis plus important
Mais sache que je ne le mérite pas
Merci pour toi maman de ne m'avoir pas avorter
Je promets quoi qu'advienne ne point te détester
Tu restes ma meilleure, la seule qui a su guider mes pas
En ce jour mémorable pour moi, pour toi et pour tous,
Papa, je ne pourrais te mettre en marge
Tu m'as appris à être serein et sage.
Je vous le reconnais, j'ai bien bénéficié de vos atouts.
22 ans de vie, de haut et de bas
Plus de deux décennies à suivre mes pas
Sincère merci à mes proches amis et ennemis.
Vous m'aviez bien édifié et beaucoup promis
Merci, merci et merci à tous ceux qui s'étaient souvenus de moi,
En ce jour où je souffle une bougie de plus, merci à toi,
Merci et merci à toi Marie-Laure
Tu me vaux plus que de l'or.
Et enfin, merci à toi seigneur mon créateur
D'être resté mon plus grand sauveur
C'est toi qui m'as procuré les plus grandes saveurs
Bien que tu sus que j'étais un grand pécheur.

42.L'envie de vivre

Tu me donnes l'envie de vivre
Ta présence et ton regard m'enivrent
Ce fut vraiment si spectaculaire
Te souviens-tu, veille de ton anniversaire ?
Je crois que toi seul parviendras à ternir mes
enflures
Je sais que tu parviendras à guérir mes blessures
Et qu'un jour, tu comprendras mes énormités.
Tu te rendras compte, que mes propos étaient des
réalités
Donne-moi, une chance dans ton cœur
Et je ferai de lui un vaste jardin de belles fleurs.
Regarder dans tes yeux, me donne l'envie d'écrire des
vers
N'étant pas poète, j'ai préféré te le dire à l'envers
Car c'est bien à l'envers, que le verre d'eau arrive à se
boire
Pardonne-moi, si parfois ou toute suite tu me trouves
peu courtois
Ta présence m'enivrant et me soulageant le témoigne
Sur mon petit cœur, ton prénom est inscrit en
enseigne
Abondamment je saigne, je me sens si vide
Et j'ai envie de me mettre avec toi de façon rapide.
Oui ! Ce fut vraiment si spectaculaire
Ce jour veille de ton anniversaire
Je pense, que je ne pourrais plus jamais l'oublier
Quinze juillet, sur une pierre, il sera gravé
Rêve ou réalité, je me sens capturer et captiver
J'ai fermé les yeux, croyant pouvoir t'oublier
Le comble ! Ton image, hantait toujours mon esprit
Refusant de l'accepter, avec mon esprit, j'entrais en
conflit
Pourrais-je oublier ce jour ?
Pourrais-je un jour, savourer ton goût ?
J'ai bien envie de t'écrire des rimes,

Ne sachant pas rimer, et refusant les frimes,
J'ai préféré me résigner
Et t'avouer que plus jamais je ne pourrais t'oublier
Oui ! Tels sont mes propos à ton égard
Essaie de lire dans mes pensées et tu comprendras.

43.Dix années sont passées

Longue vie à l'immortel
Mon plus grand souhait est une carrière éternelle.
Dix ans, dans ce beau monde de l'art, de carrière
Dix ans de marche avant et jamais de marche arrière.
Dix années à peindre sur papiers ses aspirations,
À décrire des choses pour lesquelles on a de
l'admiration,
À dénoncer, ce qui fait mal à plus d'un
Dix années à parler de tous et de chacun.
Dix années de souffrance, de haut et de bas
À essayer d'orienter dans un sens positif ses pas.
Longue vie à l'immortel
Et merci d'avoir rendu la créature plus belle.
Dix ans à se chercher dans les vers
Dix années à essayer de se traduire à l'envers
Dix ans à chercher la cime
Mérite bien de belle rime.
Dix années de parcours enrichissant
Pour assouvir, les ébats d'un débutant.
Dix ans de carrière en mérite
Mieux que ça, mon élite.
Longue vie à l'immortel

44.Notre école

L'actuel système éducatif, ne favorisera jamais la prospérité
Car son fonctionnement est basé sur l'absurdité.
Et de plus en plus ennui les jeunes apprenants
La formation est désapprouvée par écoliers et étudiants.
C'est aujourd'hui un calvaire pour tous d'aller à l'école
Parce que la formation se boucle par le chômage et l'alcool.
Les premiers ennemis de notre école c'est nos autorités
Ils attaquent les écoles, les collèges et surtout les universités.
Ils n'ont pas de bon projet de développement de l'enseignement.
Ils priment, leurs intérêts personnels au détriment de ceux général farouchement.
L'école béninoise pourrit et tend vers son déclin
Défendons notre école et évitons sa fin.
L'emploi après formation doit être une vision
Bonne qualité de la formation, doit être une passion et une mission.
Le système universitaire actuel consiste à apprendre et à oublier.
Vu qu'aucune pratique, pour ces étudiants, n'est envisagée
Ils ne rêvent, que finir leur formation peu importe comment
Ils veulent finir, même si ce serait salement.
Ils veulent quand même finir
Et quitter ce lieu qu'il juge maudit.
D'alors, haut lieu de savoir
Les universités sont devenues, des lieux de désespoir
Où la formation de ces jeunes étudiants est bafouée
Ils désespèrent tous et préfèrent l'oublier.

45.Kabolé mon village

Les tôles presque usées et rouillées,
Le sol poussiéreux et parfois mouillé
Font de cet espace partagé entre la tradition et la
modernité
Un vrai village finissant avec les rivalités.
Ces quelques rues légèrement cubiques,
Laisse Kabolé au regard critique.
La complicité de ses habitants
Maintenue depuis fort longtemps
Et se comportant comme de véritables combattants
Fait de ce village un espace confortant.
La détermination et la bravoure d'une vieillesse
Qui assure et tient à ses promesses
Permettent à une jeunesse,
Orientée vers la sagesse
De poursuivre les nobles actions entreprises
Kabolé est un village qui se maîtrise
Et dont la masse villageoise se donne à de dur labeur
Sa jeunesse est fière de ses ardeurs.
Les quelques cases, qui composent mon village,
Sont bâtis en des matériaux divers et en des grillages
Certains en terre d'argile bâtie, d'autres encore en
brique.
Village constitué en un même groupement ethnique
Se rivalisant mais en aucun cas ne se méprisant
Kabolé reste et demeura un village puissant.
Nos parents, depuis des millénaires, venus de part et
d'autre
Ont fait de cette terre riche en valeur la nôtre.
Malgré les terreurs, les rancœurs et les différends
interminables
Kabolé vit dans la tranquillité sociale.
J'apprécie de fond la douceur de la nuit au village
Malgré que la nature nous ait privés de rivage

Kabolé, garde sa splendeur de tout les temps
J'y ai quitté pendant bien longtemps,
Et aujourd'hui je suis là à le contempler et j'y resterai
longtemps
Je passerai tout mon temps, d'été au printemps.
Kabolé mon village m'a vu grandir
Et sa douceur ne cesse de me séduire.
Il a fait de moi, un vrai homme
Je ne pourrais oublier mes préférences ici, les
pommes,
Partout où mes pieds verront le sol
Kabolé restera gravé dans ma mémoire tel une
boussole.
Le plus grand de mes souhaits, est qu'il voit mes
derniers jours
Tel il a vu le premier et mes différents séjours
Hommages à tous nos ancêtres, nos aïeux, nos
illustres et sages
Félicitation à ceux qui se sont battus pour sa cause
avec courage.
Je repense encore à mes ancêtres disparus avant ma
naissance
Et dont l'histoire et les traces ne pourraient plus être
effacées de ma conscience.

 Les fruits de l'esprit - Gervais Dassi - www.livres.us

A propos de l'auteur

Né le 17 Avril 1994 à Dassa-Zoume au Bénin, Gervais A. Dassi est journaliste à la presse universitaire de l'université de Parakou. Il fait son entrée dans le monde littéraire avec la parution de son premier recueil: Les fruits de l'esprit. La patrie, la jeunesse et son vécu quotidien sont les themes principaux de sa poésie. Son engagement à dénoncer les maux qui minent la jeunesse béninoise, et à proposer des solutions, témoigne de son engagement patriotique et de son attachement à son pays. La poigne de ses vers, son style abrupte et son texte côtoyant le slam fait de lui un écrivain engagé et résolument prêt pour la révolution.

Page web: www.livres.us

Contact: gervais@livres.us

Les fruits de l'esprit - Gervais Dassi - www.livres.us

Liste des poèmes

Partie I : L'esprit patriotique d'un jeune béninois

Aux progrès, j'y crois

Je crois que tu dois te mettre au travail

Jeunesse consciente

Oh ! Jeunesse

Tu dois être optimiste

Pendant que tu es encore jeune

Quel sera ton rôle ?

Flambeau de la jeunesse

Ma jeunesse : la vie est dure

Ma jeunesse, tout est dur pour toi

Barre-toi des futilités

Etudiant dans une ville du bénin

La jeunesse et les dirigeants

Etudiant (le monde universitaire)

Partie II : les délires d'un jeune poète

Qui suis-je ?

J'ai du mal

Horreur ai-je

Ma vie d'orphelin

Demain est à moi

Un peu de ma vie

Je compte bien aller au bout

La fin de mes jours

A tous mes ennemis

Les délires poétiques

Ma mère

Maman chérie

J'aime voyager

Souvent je te déçois

Donne-moi une nouvelle chance

Je déteste

Interruptions volontaire de grossesse IVG

Etudiant

Mes frères

J'apprends dans l'humilité

Echec

J'ai bien envie

J'ai peur

Sur mon chemin

Ma culture

PAIX

Mes aveux

Le courage

Le travail a du coût

Le travail à la main

Petit orphelin africain

Mon bouquin

La vie humaine

Homme libre

L'art de se faire des amis

La vie n'est rien

Argent

La lecture

L'écriture

Que font-ils naître

QUI, QUI DONC ?

La sagesse

La mort

J'ai grandi

Mes mots

Le village

Mes aspirations

La poésie et le poète1

Les fruits de l'esprit - Gervais Dassi - www.livres.us

Autres Auteurs chez Solara Editions

1000 Héros Africains (Non-fiction)

Belles Poésies de Cœur et de Corps (Poésie)

Coming Back (Poésie)

Eclats de Silence (Poésie)

Essais sur le Bénin (Non-fiction)

L'Evangile Pratique (Non-fiction)

Légendes Inédites d'Afrique (Contes)

Le Manuel du Milliardaire (Non-fiction)

Nude and Alive (Livre d'Art)

Pensées Profondes (Poésie)

Perles et Pensées (Poésie)

Poisonous Snakes in Benin (Non-fiction)

Reconnaissance (Poésie)

Red Blue and Green (Livre d'Art)

Testament Spirituel de SBJ Oschoffa (Non-fiction)

Vie des Etudiants Africains en URSS (Non-fiction)

Page web: www.livres.us
Contact: editeur@livres.us
Facebook: @ArtLit7
Twitter: @AfroBooks

Les fruits de l'esprit - Gervais Dassi - www.livres.us

www.ingramcontent.com/pod-product-compliance
Lightning Source LLC
Chambersburg PA
CBHW021339090426
42742CB00008B/664